JN056023

税理士の

実務に役立つ ビビッドな話題

著
税理士・公認会計士・弁護士 関根　稔
税理士・公認会計士 朝貝義幸
税理士 三村雄一

財経詳報社

はじめに

私たちは税法と税法関連業務の情報を交換するメーリングリスト（taxML）を開催しています。そこでの議論のテーマは現場の生の情報です。政府のように公定力はなく、裁判所の判決や、大学教授の意見のような権威もありません。しかし、現場で議論されるテーマこそが税理士の知恵だと思うのです。

taxMLは情報を交換するだけではなく知識を交換し、知識を交換するだけではなく経験を交換し、経験を交換するだけではなく原理原則、価値観、哲学を交換するメーリングリストです。税務の現場で失敗しないことだけではなく、人生で失敗しないための原理原則を議論する実践の場で、知識を求める人、昨日よりも成長したい人、自分の常識に不安を持っている人、税法の理屈が好きな人、知識は語ることによって成長すると知っている人、他の方の間違いを放っておけないお節介な人たちの集まりです。

そしてtaxMLの日々の議論を切り取って作成したのが『税理士の実務に役立つホットな話題（令和４年７月４日刊）』と『税理士の実務に役立つクールな話題（令和５年１月５日刊）』で、それに続く第３弾として執筆したのが本書です。執筆者はtaxMLの全員ですが、特に編集担当として執筆に関わったのが次のメンバーです。

浦上立志・永井智子・三浦希一郎・小野恵・川辺聡・相田裕郎・中谷久仁子・長尾幸展・鶴井直人・鶴澤和徳・嶋崎雄幸・白井一馬・木村裕・林朱実・田中良幸

2023年11月

関根　稔

目　次

2022年 9 月27日～10月 1 日

実務に役立つビビッドな話題 **税理士と税務署職員の根本的な違い**

テーマ　最近思うようになったのは，税務署職員はわざわざ税金を取りたいわけではないということ。極一部にはそういう方もいますが，サラリーマンなので言われたことを素直にこなす。あとから自分の汚点にならないような処理を考えて重箱の隅を固める。

● いや，それにしても，税法の正義を守りたいという根源的な欲求はあると思います。それがなかったらサラリーマンだって3年は勤まらない。贈与税の申告のない贈与は絶対に認めたくないという。

● 自分が帰属する組織の決まり事に従う。それが税務署職員の優越感なのでしょう。それは銀行員だって，証券マンだって，都庁の職員だって同じ。税務署職員は真面目に適正な納税を確保しようとしている。

● 適正な納税といっても，適正のラインが見えるわけではないので，増差税額を確保することが適正な納税の実現の指標になってしまう。「調査官は自分のミスで不正を見落としてしまうことが一番怖い」と語っていたOB税理士がいましたが，「不正を見落としてしまう」という視点自体がバイアスのかかった視点なので税理士と衝突するのは当然。

● 職業として税務職員になることはどういう意味なのか。これが税理士なら全ては自己責任。依頼者に役立つことが原動力で，全ての仕事は自分の収入。努力すればプラスα。しかし，サラリーマンは組織の役割を演じることが存在の本質ですが，税務署職員の個人としての気持ちを語る方を見かけない。

● すごいと思うのが，納税者のミスを見つけ出すこと。私が調査官だったら，「なるほど，納得」で終わってしまいます。不正発見の特別のノウハウがあるのか，あちら側の立場に立てば不正が見つけられるのか。

● あちら側と，こちら側では実感が共有できませんが，それにしても日本の税務職員の優秀さは世界に誇れます。その税務職員を育てたのは反対側に位置する税理士制度。緊張関係の中の信頼関係が成立している良い関係だと思います。

2022/09/27

実務に役立つビビッドな話題　**免税事業者へのインボイス登録のアドバイスの指針**

テーマ　課税事業者はインボイス登録をするのが当然ですが，課税売上が1000万円を前後する事業者や，免税事業者については登録をすべきなのか。

- 課税売上が1000万円を前後する規模の事業者の場合は，覚悟を決めて課税事業者を選択するのでしょう。取引条件を年毎に変えるのは信用問題です。そして，しょせんは簡易課税です。
- 仮に弁護士や税理士ならインボイス番号を発行できないのは信用問題です。弁護士なら課税売上500万円でも課税事業者を選択するようにアドバイスします。儲かっていない弁護士には，誰も仕事を頼みません。
- ケーキ屋でも，領収書を要求され，インボイス番号がないと，店の売上げが1000万円を下回ることが露見してしまう。売値に８％をonすることもできない。やはり，客商売の場合はインボイス登録をします。
- インボイスの登録が不要なのは，仮に居住用のアパートを賃貸しているが，その中の一室が店舗用の賃貸である場合。つまり，課税売上が例外的な場合に限るように思います。

2022/09/28

実務に役立つビビッドな話題　**インボイスが不発行の仕入先との取引の継続**

テーマ　インボイスが不発行になる仕入先との取引は切るのか，切らないのか，値引き交渉するのか。

- 外注先が零細な個人事業の場合や，フリーのライターなどは免税事業者が多いと思います。
- 取引を切るか否かは経営判断の問題であって，消費税法の問題ではないでしょう。必要があって，その仕入先と取引しているわけです。課税事業者を選択してくれないフリーライターの原稿は必要がない。そのような理屈は経営判断としてあり得ません。取引を継続するとして，どのような対応をするか。

- そもそも免税事業者が消費税を on してくる商慣習は急激に減少すると思います。消費税分の請求を断念するか，あるいは消費税を販売対価に含めてしまうか。
- 消費税の請求を断念した取引先からの仕入でも，仕入税額控除が80%，50%と取れる経過措置がありますが，それを実行するとしたら購入側に益税が発生してしまいます。問題になるのは，今まで100円に消費税を10%としていた仕入先が110円を請求してきた場合です。
- 経過措置を有効に活用しようとしたら，①免税事業者の仕入を集計して８円分を仕入税額控除にする。②適当に処理するのなら概算額を仕入税額控除に加算する。③常識的に処理するのなら経過措置の期間については10円を仕入税額控除にする。そのうちに業界平均的な処理が固まってくると思います。
- なぜ，インボイスなどと騒いでいるのか。それは10%と８%の複数税率を正確に集計するためにはインボイスが必要だからという議論から始まりました。では，10%と８%について現場の調査で指摘を受けたことがあるか，食料品店ではない通常の商売で８%を区分しているか。つまり，調査の現場は，小さなことは，どうでも良いのだと思います。その仕入税額の20%部分が否認されても影響がない金額について正確性に拘るのは無駄です。簡易課税が導入されているなど，消費税法は，そもそもそのような税法です。

2022/09/29

実務に役立つビビッドな話題　**賃貸物件を生計別の子に贈与する場合と消費税**

テーマ　店舗用の賃貸物件を親から子（生計別）へ贈与するが，これは親にとっては唯一の賃貸物件で，贈与した時点で賃貸業は廃業になる。消費税法の家事消費等として親の課税売上になるのか。

- 消費税法基本通達５－３－１では，みなし譲渡に該当する場合を「事業の用に供していたもの」を「個人事業者又は当該個人事業者と生計を一にする親族の用に消費し，又は使用した場合」としているので，受贈者である子が同一生計でなければ，消費税法４条５項１号の資産の譲渡とみなす必要はない。

- 賃貸物件の生計別の子への贈与については，①自家消費についての消費税の課税の理屈が登場するのか，②「事業として対価を得て行われる資産の譲渡及び貸付け並びに役務の提供」という対価概念が登場するのか（消費税法２条１項８号)。①ならみなし譲渡であり，②なら対価がないので消費税の対象外です。
- 贈与を受けた子は，無償による取得について仕入税額控除が受けられない。そして，これから受領する賃料は課税売上になり，建物を譲渡した場合も課税売上になる。その意味では通算すれば課税漏れは生じない。そのような理屈でしょう。
- そうだとしたら生計一の子に賃貸物件を贈与した場合でも課税売上から除外しないと理屈にあわない。賃貸業を継続するのなら「家事のために消費し，又は使用した場合」にはならない。これを課税売上にするのなら，子にとっても課税仕入であることが必要ですが，贈与による取得は課税仕入になりません。
- 常識的に，賃貸物件を子に贈与したからといって贈与者が課税売上を計上する処理は行っていません。ただ，理論を突き詰めると家事消費という理屈も登場する。そもそも消費税の理屈の整合性の問題ですが，これが税理士職業賠償責任保険の種になる消費税法の難しさです。

2022/09/29

実務に役立つビビッドな話題　**質問応答記録書を作成すると言われた**

テーマ　「質問応答記録書」の作成に協力するように求められた。しかし，何が書かれるか分からないし，訂正を求めても，それが認められるかが分からない。

- 青臭く言えば「質問応答記録書」に協力するのは納税者の法律上の義務ではない。「署名を拒否した」と既成事実を作られてしまうが，最初から協力しなければ既成事実も作れない。「皆さんが，署内の報告書を作れば良いじゃないですか」と答える。いや，もしかして，断れないという都市伝説があるのですか。

- 最初から質問応答記録書の作成を拒否するケースは税務署内で「調査報告書」というものが作られます。中身は質問応答記録書と同じようなものですが，外部からは見る術がありません。調査官の誤認が大きかったら納税者に不幸です。
- しかし，「質問応答記録書」も，納税者に不利な自白調書を作成するだけですから，それなら税務署内で勝手に「調査報告書」を作成するのも同じことです。都合良く書かれて「署名を拒否した」と書かれるよりマシです。
- そもそも，なぜ「質問応答記録書」を必要とするのか。税務調査の更正処分について再調査の請求（異議申立）があっても面倒。それを防ぐのは現場の税務職員ではなく，審理担当者の仕事。だから「質問応答記録書」の作成は審理担当者の指示で実行されます。更正処分の場合はもちろんですが，「修正申告＋重加算税」の場合も加算税についての再調査請求の芽を摘んでおく必要があります。
- 再調査の請求や審査請求になってしまったら大変です。調査では税務署が強いのですが，再調査の請求では税務署が弱い。それ以上の課税に膨らむリスクはなく，税務署の課税処分が取り消されるリスクがある。調査とは立場が逆転し，税務署は言い訳側に回ります。再調査の請求の担当者など借りてきた猫のように遠慮深げです。
- 再調査の請求の担当者が存在するわけではない。小さな税務署だと，昨日まで課税処分をしていた者が担当する。他人の課税処分を押しつけられても，さらに再調査決定は文書化まで必要。おそらく再調査の請求でマイナス20点，審査請求でもマイナス20点の評価が，その税務署に付いてしまうと思う。
- 重課税案件ですが，一歩も引かない状況でのやりとりであり，統括に重課で取ってこいとでも言われたのではないかと疑っています。調査官は，他のものは全てなしにしますのでとも言ってきましたので。
- 「質問応答記録書」を作成せざるを得ない調査担当者の立場を有

効に活用する。これはダメだけど，あちらはOK。そのような事実上の合意ができる場面です。税務職員との間に「この辺りで矛を収めて下さい」という当然の前提が「質問応答記録書」の作成なのだと思います。

2022/09/30

2022年10月 2 日～10月 8 日

実務に役立つビビッドな話題　**自己株式を取得した発行会社への受贈益課税**

テーマ　自己株式の低額譲受けについて，平成19年の『税務相談事例集』では受贈益課税を行うとしている。この理屈は現在も採用されているのか。

● 「自己株式の売買価額を時価より低額としたことが，何らかの利益移転を目的とした損益取引と資本等取引とを抱き合わせにした結果であると認められる場合には，売買価額を時価に引き直したところにより課税関係が整理されることもあるものと思われます」と解説するのが税務相談事例集（平成19年版）です。

● 現在は，自己株式の低額譲受けについて，発行会社への受贈益課税は行われていません。「税大論叢」の「自己株式の無償・低廉取得に係る法人税の課税関係」は「自己株式を無償等で取得した場合の発行法人に対する受贈益課税の論拠として次の３点が挙げられるが，いずれの論拠も妥当ではなく，この見解には賛成できない」と論じています。取り上げた３点は次で，各々について，これが課税の根拠にならないと論じています。

①自己株式の取得を資産の取得と捉えた上，受贈益課税すべきという考え方，②株主に寄附金（譲渡益）課税が行われることから，株式を取得した発行法人に受贈益課税すべきという考え方，③現物配当として自己株式を取得した場合は受取配当を認識するという考え方。

● 平成18年に自己株式の税務上の取扱いが変わったのが理由です。平成18年度税制改正前までは，自己株式を取得する取引は「株式の購入」と認識していました。つまり，資産の増加ですから，自己株式を低額に取得すれば受贈益課税の可能性がありました。しかし，現在は自己株式の取得は資本の部のマイナスです。

● 会社法と法人税法の歴史を遡れば次のようになります。

第１時代　会社にとって資産（借方）であり，株主にとっては譲渡所得の時代

第２時代　会社にとって資産（借方）であり，株主にとっては配当所得の時代

第３時代　会社には資本の払戻し（貸方）で，株主にとっては配当所得の時代

第４時代　グループ法人税制で，親会社の株式譲渡損の計上が禁止される時代

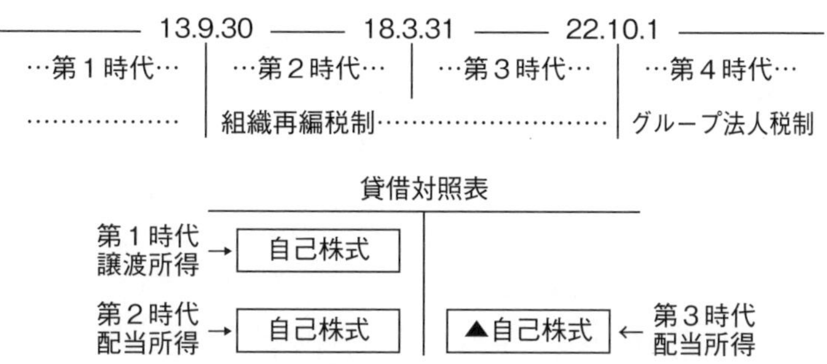

● 第１時代から第４時代までの改正は資本の部の矛盾を解消するための改正でした。改正の経過を理解せずに，現在の課税関係だけを理解すると，その趣旨が見えなくなります。

2022/10/04

実務に役立つビビッドな話題

自己株式を取得した発行会社への受贈益課税（その２）

テーマ　自己株式の低額譲受けについて，会社に受贈益課税が行われない。そのような課税を前提にしたら相続税の節税に利用されてしまう。

● 親子が株主の会社で，父親が持株を自己株式として低額譲渡し，息子の持分を増やしてしまう。そのような方法なら税法は課税関係を準備しています。まず，父親から会社への譲渡について所得税法59条によって時価による譲渡とみなしての譲渡所得課税。この場合は「資産の譲渡の時における価額の２分の１」以上の価額でもダメです。「時価の２分の１以上の対価による法人に対する譲渡であっても，その譲渡が法第157条（同族会社等の行為又は計算の否認）の規定に該当する場合」には所得税基本通達59－３が適用されます。

- 相続税法９条のみなし贈与も適用されて，子の出資持ち分の時価の上昇について贈与税が課税されます。相続税法基本通達９－４の適用です。
- 父親からの自己株式の取得ではなく，従業員持株会などの第三者からの自己株式の取得なら配当還元価額が利用できます。株主への譲渡所得課税の心配がなく，会社への受贈益課税がない。
- 会社への受贈益課税が行われないのは資本取引だからか。いや，違いますね。資本取引には課税されないと定義してしまうと，債務超過会社へのDESに対しても会社への債務免除益課税が行えなくなってしまう。そうではなくて，出資については，会社側には，対価の適正性は問わない。つまり，１億円の出資を受けて時価2000万円の株式を発行しても良いし，2000万円の出資を受けて時価１億円の株式を発行しても良い。そのように理論化すべきです。
- いや，しかし，そのように考えると，社長の持株を従業員持株会に配当還元価額で譲渡し，その後，従業員持株会から配当還元価額で自己株式を買い取る。そのような租税回避を許してしまう。
- その場合は会社には受贈益課税は行われません。相続税法９条が気になりますが相続税法基本通達９－４は同族関係者間の価値の移動に限り，同通達９－２（株式又は出資の価額が増加した場合）は租税回避の場合に限る。従業員持株会からの自己株式の取得には課税ができません。
- 従業員持株会の解消には一般社団法人が有効と思っていましたが，自己株式の買い取りも使えますね。ただ，相続税の節税になってしまう手段なので実行するのは躊躇します。

2022/10/04

実務に役立つビビッドな話題　**親子間の金銭の貸付けと相続税の申告**

テーマ　被相続人（父）が相続人（子）に金を貸していた場合には，貸付金として相続財産に載せますね。親族間での貸し借りは第三者並みに金銭消費貸借契約書を作成し，返済スケジュールがあって，実際にその通りに返済していることが必要かと。

- 親子間の取引については，第三者との取引のように形式を整えておく必要がある。それが税務上のリスク対策ですが，しかし，相続人に「もらった」という意識がないならば貸付金でしょう。
- 親子間の取引で，３年，６年と返済の事実がなく，利息も支払っていない。そのような場合に債務（返済の意思）を認めるのは難しい。ただ，納税者が自主的に貸付金に計上して相続税を申告すれば，贈与税の決定処分ではなく，貸付金として認める。そのような相続税の実務はあります。
- 贈与税の決定期間を経過した８年前，10年前の金銭の移動について，これを貸付金に計上するように指導を受けることがありますが，その必要はないと思います。返済の事実も，利息の支払いもない。「ある時払いの催促なし」や，「出世払い」の貸付は贈与です。

2022/10/04

実務に役立つビビッドな話題　**税務署の総務課による税理士調査**

テーマ　税務署の総務課から電話があって税理士調査に来るとのこと。税理士証票と税理士業務処理簿を用意するとして，さらに何を聞かれるのか。

- 私の場合は税理士業務処理簿と，税理士法人会員証がどこに掲示してあるか，e-Tax の電子証明書カードがどこに保管されているのかを聞かれました。
- 税理士業務処理簿は日税連の書式に従った一覧表です。日々の記録でもなく，月々の仕事でもなく，１年に１度の記録なので，ただの形式です。
- 「業務処理簿」の必要性と，記載が求められる範囲が不明なのですが，電話やメールの相談も建前では記録が必要です。私の事務所では押印する書類の他に，請求書を出した案件や，成果物を作成した案件は全てピックアップしています。
- しかし，DX の時代に「業務処理簿」という内容がないエクセル１枚を作る必要があるとは思えません。「業務処理簿」は手書きの元帳の時代のシステムでしょう。電子申告の LOG や，会計ソフトの売上の補助簿ではダメなのでしょうか。

● 私の事務所では，業務執行の必要性から作成している資料で代替し，わざわざ「業務処理簿」は作成していません。源泉徴収の仕方などの電話での相談などは記録に留めません。全て，事務処理の必要からの保存です。エクセルで一覧にする手間はかけていません。

● グループウェアの「サイボウズ office」を利用しています。その中の「報告書」に業務内容顛末を記録しています。例えば「2022年８月」の報告書には次の内容を順次記録しています。資料，受取日時・方法（郵送・電子メールなど），処理日時・担当・特記事項など，試算表受け渡し日時・方法。つまり，職員の日々の業務日報であって，わざわざ一覧の「業務処理簿」は作成しません。

● 事務所では個人の確定申告100件のうち２件ほど諸事情で紙で提出しているのですが，税理士の署名をせず，印鑑で提出していたため本当に私（税理士）がやったのか２度，３度と上司も連れて来社して確認されました。従業員などが勝手に申告書を作って提出していることを疑ったようです。

● 要するに，偽税理士，名義貸しの有無の調査ですから，その説明は「業務処理簿」には限りません。電子申告の LOG を目録として，それら業務についてのファイルがパソコン内，あるいは紙のファイルとして保存されていれば OK です。いまどき税務署の調査に対応して１枚の業務処理簿を作成している事務所は少ないと思います。

● 理屈はともかくとして，事前に通知がある調査なので，そこでエクセル１枚を作成し，税務職員に見てもらった方が簡単です。おそらく税務署としてもエクセル１枚の必要性は感じていませんが，調査をしたというノルマの達成が目的なので，外見上は対応している姿勢を見せれば調査は終わります。

2022/10/04

実務に役立つビビッドな話題 **村上宗隆内野手が貰った３億円の家の税効果**

テーマ　ヤクルト球団のスポンサーであるオープンハウスは，シーズン本塁打記録を更新した村上宗隆内野手に「３億円の東京の家」を贈

呈すると発表した（令和４年10月４日）。

- 一時所得だろうか。所得金額３億円なら地方税を含めた税額合計は8400万円ほど。その分を稼ぎから預金して来年の所得税の申告に備える必要がある。
- ヤクルトのスポンサー企業からの提供なので事業所得なのかも。その場合は地方税を含めて１億6800万円の納税額。半分以上が納税額になってしまう。
- オープンハウスの税効果も考える必要があります。３億円が広告宣伝費になれば納税額について１億1000万円の節税効果。しかし，個人への贈与を広告宣伝と認めるのは難しい。その場合に３億円を提供しようとしたら６億円の利益が必要になる。つまり，６億円を稼いで，地方税を含めて３億円の納税をした残りの３億円を賞品として支払う。
- Ｆ１のスポーツカーに貼られたステッカー。おそらく１億円単位の支払いをするのだろうが，あれはＦ１への援助（寄附金）ではなくて広告宣伝費でしょう。ゴルフ大会への賞品の提供も広告宣伝費。そうしたら「３億円の東京の家」も広告宣伝費になりませんか。正月に時価を超えた値段で競り落とすマグロは仕入ですね。
- しかし，贈呈される「３億円の東京の家」が広告宣伝になったら，日本赤十字への寄附や，被災地への寄附も広告宣伝費の一面があります。私たちの知識では答えが出せません。各々の業界には当然の前提がありますが，野球選手，芸能人についての税務申告を担当していないと，その当然の前提が理解できません。
- 広告宣伝費としての損金処理ができなかったら，会社から法人税を徴収し，個人から所得税を徴収する。「３億円の東京の家」を賞品として提供することで両者で３億円に近い税収になる。一番に儲かるのは国税局なのかもしれません。

2022/10/04

実務に役立つビビッドな話題　**横領が発見された場合の貸倒損失処理の時期**

テーマ　コインロッカー事業を手がける「グローリーサービス」の経理担

当者が13年間について総額21億5500万円を横領していた。経理担当者は平成21年から令和４年にかけて社内金庫から現金を抜き取ったり，会社名義の銀行口座から自分の口座に送金して横領していた。そのような報道（令和４年３月14日）があった。

- 売上金を抜いたのなら益金の計上があるが，現金の横領なら損金の計上だけです。税法上はいつの損金なのだろう。見合いの損害賠償請求権を同時に計上することで税法上の除斥期間をクリアできるのか。
- それが可能だとする裁決が紹介されています。経理担当者の横領について「債務超過の状態が相当期間継続し，かつ，その営む事業に好転の見通しがないこと」を主張したのですが，国税不服審判所は「経理担当者が請求人に対して返済の意思を見せていないこと」だけでは回収不能が確定したとはいえず，また，経理担当者が「債務超過の状態が相当期間継続し，かつ，その営む事業に好転の見通しがないこと」を裏付ける客観的な証拠がないとした非公開裁決（令和３年９月27日）です。
- 横領が行われた場合は現金の減少と損害賠償請求権の両建てが原則的な処理なので，回収可能とは思えない21億円の横領金であっても，それを損害賠償請求権として計上すれば，損金計上時期を先送りすることが可能になってしまう。
- 売上が抜かれた場合で，その横領の日，つまり，損害賠償請求権の計上日が５年より前であれば，売上の計上については除斥期間が経過し，回収不能の損失は先延ばしができることになってしまう。
- 経理担当をしていた一般人に21億円の返済能力があるとは思えない。横領の露見時に損害賠償請求権を計上し，それが回収不能になった時期に貸倒損失の処理が実際に認められるのか。とりあえずは横領の発生日の損金として更正の請求をして，それが是認されない場合は損害賠償請求権を計上して先送り。そのような安全策になりそうです。

2022/10/05

実務に役立つビビッドな話題　**役員の退任時に従業員時代の退職金を支給する**

テーマ　従業員から取締役になった者が退職するが，役員の辞任時に従業員退職金を加えて支給しても良いのか。従業員から役員になった場合の退職給与（法人税基本通達９－２－36）や，役員が使用人兼務役員に該当しなくなった場合の退職給与（同９－２－37）と２度の支給のチャンスがあったが退職金は支払っていない。

● 役員退任後に，さらに従業員として勤務した場合。つまり，従業員，役員，従業員の３期間分の退職金を支給することが可能か。

● 兼務役員なら従業員の地位は３期間を通じて継続しています。就業規則に基づく退職金の支給が可能です。しかし，兼務役員ではない場合，つまり，代表取締役に就任した場合や，みなし役員になった場合には，その後，従業員の地位に戻っても３期間を通じての退職金の支給は無理だと思います。

● 同感です。その理由の１つは，従業員から代表取締役に就任することは想定されているが，代表取締役から従業員に戻ることは想定されていないこと。２つ目の理由は，代表取締役に対する退職金支給の株主総会決議を，退任時に行わず，従業員の退職時まで先延ばしすることは認められないこと。

● ふと気になったのですが，従業員だった社長の息子が取締役になる。その場合に法人税基本通達９－２－36か，９－２－37のどちらかの退職金の支給をアドバイスしないと税理士のミスなのか。

● これが大会社なら役員になったときに従業員時代の退職金を精算すると思うが，同族会社では，従業員としてでも，役員としてでも，会社に勤めている限りは，その途中で退職金を支払うことは通常は実行されません。法人税基本通達９－２－36と，９－２－37は「できる」という規定であり，これが中小企業の例として一般的に実行されているとは思えない。

2022/10/05

実務に役立つビビッドな話題　**利益剰余金の資本組入に関する課税関係**

テーマ　建設業で資本金500万円から2000万円への増資について，利益剰

余金を原資に増資してもみなし配当の適用はないと思うが，留意すべきことはあるか。

● 利益剰余金を減じて資本金に組み入れても配当課税はありません。平成13年以前は利益剰余金を資本組入すると，配当し，それを増資払い込みしたのと同様の課税関係でしたが，いま会社法の「資本金」と税法の「資本金等の額」は離婚状態です。

● 会社法の資本金は増加しますが，税法上の資本金等の額に変更はありません。ただし，均等割の課税標準は，①税法上の「資本金等の額」と，②会社法の「資本金＋資本準備金」の大きい方になるので利益剰余金の資本組入で均等割は増額します。

● 会社法（商法）と税法の資本の部の改正の経過をおさらいすれば次の通りです。

第１時代　商法と法人税法の資本金は同額で，利益剰余金の資本組入にはみなし配当課税が行われた時代。利益剰余金の資本組入が行われた場合は，みなし配当の対象とするとともに，その組み入れた金額は利益積立金を減少する。

第２時代　平成13年度の税制改正で，税法と商法の資本金が別の金額になり，利益剰余金の資本組入では税法の資本金等の額を増額しないことにした。利益剰余金の資本組入が行われた場合でも，利益積立金額の減少とはせずに，資本剰余金を減じて，資本金を増額することになった。つまり，商法と法人税法の離婚です。

第３時代　平成18年に制定された会社法は減資払い戻しを，資本剰余金の分配と位置づけました。それと同時に法人税法が資本剰余金からの配当を認めました。ただし資本剰余金からの配当について，税法は純資産プロラタ計算を採用し，一部は利益積立金からの配当とみなされるため，その点においては会社法と法人税法の齟齬はこれからも続くことになります。これは自己株式の取得の場合も同様であり，会社法では資本剰余金のマイナス項目とされますが，法人税法上は株数に応じたプロラタ計算が採用されることになります。

2022/10/05

実務に役立つビビッドな話題　**介護老人ホームに入所後の居宅と課税の特例**

テーマ　父が老人ホームに転居した後の居宅は，父の生前に売却すべきか，それとも売却を急ぐ必要はないのか。

● 老人ホームに入所した場合の特例は次の３つです。①相続時の小規模居住用宅地の評価減の特例，②生前の居住用財産の譲渡所得の特例，③相続後の空き家特例。

● 各々の特例の要件を介護老人ホームに限定して検討すれば次になります。

①の特例は，居住者が老人ホームに入居し，死亡時に介護認定を受けていればOKです。同居や生計一の認定は入居時になりますが，家なき子の場合は当然に死亡時です。

②の特例は，介護老人ホームへの入居の特例はないので，「自分が住まなくなった日から３年を経過する日の属する年の12月31日まで」の売却が必要です。

③の特例は，入居時点での介護認定と，入居時に居宅が空き家であることが要件です。夫婦で居住していた家屋について，夫が老人ホームに入居し，その後，妻が自宅で死亡し，その後，夫が介護老人ホームで死亡した。その場合には特例の適用はありません。

● 介護老人ホームに入居し，生前に留守宅を売却する場合は②に従って居住を止めてから３年以内の売却が必要ですが，既に，４年が経過してしまった。その場合は相続開始後に売却すれば③の適用が受けられます。他の要件が異なるので比較はできませんが，ここは矛盾のある箇所なので注意を要します。

● さらに注意を要するのが有料老人ホームの種類です。健常者のみが入所するリゾート地型の有料老人ホームから始まりましたが，最近のほとんどの有料老人ホームは都心型の介護老人ホームです。健常者が入居する老人ホームにも介護型が併設されていますので，相続時には介護認定を受けるとしても，入所時には介護認定を受けていない事案があるので，入居時の介護認定を要件にする空き家特例については注意が必要です。

2022/10/07

実務に役立つビビッドな話題　**相続人がいない者の財産処分**

テーマ　相続人がいない方が余命宣告された。自宅マンションも含めて換価した上で誰かに現預金を遺贈したい。生前に何をしておく必要があるのか。

- 公正証書遺言を作成し，遺言執行者に換価してもらって，売買代金を目的とする団体に寄附する。
- 相続人が存在しない場合は，相続財産は「相続財産法人」になり，相続財産管理人の選任が必要だが，遺言執行者に換価権限を与えておけば，相続財産管理人の選任は不要です。
- 「相続人のいない遺言者が，遺言者名義の不動産を売却・換価し，その代金を債務に充当して，残金を遺贈する旨の遺言を残して死亡した場合，遺言執行者が選任又は指定されているときは，改めて相続財産管理人を選任しなくても，遺言執行者の申請により相続財産法人名義への登記名義人表示変更の登記をした上で，遺言執行者と当該不動産の買受人との共同申請により，所有権移転登記をすることができる」（登研619号）ですね。
- その場合も，相続後の換価手続きについて，遺言執行者には譲渡益についての申告権限がない。そのために財産管理人を選任するのでは二重の手間になってしまう。
- 相続財産法人が譲渡益の申告をする場合に，これが所得税の対象なのか，法人税が課税されるのか。その辺りの実務の解説がない。
- 遺言執行者が「国税は，これを納付すべき者のために第三者が納付することができる」を実行してしまったらいかがでしょうか（国税通則法41条)。「この条第１項の『第三者』には，国税を納付すべき者の意思に反して納付する第三者も含まれる」ことになっています（国税通則法基本通達41条関係１）。申告手続きが終わっていませんので予納（国税通則法59条）の手続としての納付です。いや，しかし，実践事例ではないので，この方法は，あくまでも思考実験です。
- 遺言執行者になって，相続財産を換価する場合に，換価代金の全額を遺贈（寄附）してしまうと，後に譲渡益の申告が必要だと言われた場合は，遺言執行者の任務懈怠として個人で責任をとることになってしまう。申告義務はないので加算税は課税されないとしても，本税と延滞税が心配です。その対策として，仮に，誤納になってしまっても第三者として予納してしまう。そのような対策ですね。

2022/10/07

2022年10月 9 日～10月15日

実務に役立つビビッドな話題　**画家や漫画家の法人化**

テーマ　画家が法人化を検討しているが，どういう形態が一般的なのか。つまり，収益が法人に帰属する形なのか，法人に管理料を支払う形なのか。

- 芸能法人と同じで，芸能人が会社に勤めて歌を歌う。そのように単純に考えればよいのでしょう。画家が，会社の役員として絵を描き，会社を売主にして絵を売る。芸能法人の場合も，税務署が要件にするのは会社がプロダクションと契約することです。
- この方式は過去に否認事例が多いのではないか。個人の才能，資質に基づく収入は，個人に帰属するという考え方です。競馬の騎手や，著名作家が否認されたような記憶があります。
- 個人の資格と能力を基にするのに，税理士法人が認められ，弁護士法人が認められ，医療法人が認められる。一人医療法人まで認めるのですから，個人の資質論はクリアされたのでしょう。それに，漫画家５人が法人化するのなら否認できない。
- 漫画家で法人にしている人がいます。漫画家は役員として給与をもらい，会社のために制作し，著作権は法人に帰属。法人化したのは厚生年金に入りたいからだと言っていました。売れっ子になるのは極一部で，その他の人たちは将来の不安を抱えた人たちです。
- 個人で事業所得を申告していた場合に，その後，法人化する場合は著作権の譲渡の問題が生じる。だから，法人化する場合は，その後の事業収益を法人に帰属させる方法です。
- 給与所得控除の上限が制限されたので，法人化しても節税効果は大きくない。家族への所得分散なら過大役員報酬で制限される。節税効果が存在しないのだから，課税庁も法人化自体は否認しないと思います。

2022/10/11

実務に役立つビビッドな話題　**組織再編に先だって行う株式の取得と処分**

テーマ　親会社が90％を所有し，他人が10％を所有する子会社が破産を申請する予定だが，いまから10％の株式を取得して100％支配にす

ればグループ法人税制か。

- 破産する１日前に少数株式を買い取って完全支配にする。それも認められています。組織再編税制やグループ法人税制の要件は次のとおりですが，再編時の要件は，その一時に存在すれば良いのです。

過去の要件	再編時の要件	未来の要件
5年50%超の支配	完全支配要件、支配要件	継続保有の意思

▲
一時の存在で OK

- ①100％同族支配の会社が破産する１日前に１株を第三者に売却する。逆に，②90％支配の会社について破産する１日前に10％株式を買い取って完全支配にする。いかにも経済合理性に乏しい取引です。「同族会社の行為計算否認」や「組織再編税制の濫用」に当たらないでしょうか。
- 90％所有の会社について，10％を買い増しし，100％にして合併したら適格合併です。これは租税回避ではないでしょう。しかし，合併なら問題ないとして，破産する会社の株式を買い取るのに，どのような経済合理性があるのか。
- 子会社整理のために少数株主から無償で取得する。破産する直前に取得すること自体が問題にならないか。無償で取得してから１年，２年と頑張ってみたが，やはりコロナの影響で再建は無理だった。そのような場合なら素直ですが。
- 無償で取得した事実は否認できないでしょう。そもそも再編時の要件は形式要件なので，その一点で完成していれば良いと思う。過去の要件と未来の要件は実質ですが，再編時の要件が形式でも宜しいというのが組織再編税制の作りです。
- 確かに，非適格にするために合併の前日に10％の株式を売却してしまった場合に，それを適格合併とはいえないですね。合併，分割，株式交換，グループ法人税制など，再編時の要件を，再編時点で整えればOKと言えるか否か。組織再編税制には理屈がないので断言するのは躊躇します。

- そもそも過去の要件，再編時の要件，未来の要件と区分する考え方も一般化していない。しかし，このように考えると理屈のない組織再編税制にも理屈が見えてきます。組織再編税制も「要件」で論じるのではなく理屈で論じる必要があります。

2022/10/11

実務に役立つビビッドな話題 **父名義の建物を子が改築したとき**

テーマ　父名義の建物に子が増改築を行ったというＱ＆Ａがあって，増改築の前に父の持分を子に贈与しておくという対策が紹介されています。

- タックスアンサーに次の解説があります。「親が子供に対して対価を支払わないときは，親は子供から増改築資金相当額の利益を受けたものとして贈与税が課税されることになります。しかし，子供が支払った増築資金に相当する建物の持分を親から子供へ移転させて共有とすれば，贈与税は課税されません」
- 私は，持分の移転が必要だとは思いません。親の建物に，子が同居するために改築費用を負担する。つまり，子の便宜のための支出について親に贈与税を課税するのは不合理です。
- 非公開の裁決があります。「請求人は，請求人の母が工事費用を負担した請求人所有の居宅の改修工事について，相続税法第９条に規定する経済的利益に当たる」とした裁決（平成29年５月24日名裁）です。
- 裁決事例は，要旨を読む限りでは，母親が息子の居宅の改築費用を負担した事例で，改修費用が2700万円，息子には年額2000万円の所得があった事案。つまり，相続税の節税を想定した租税回避事案のように思えます。
- 増築された場合は固定資産税が増額されますが，改築では固定資産税は増額しません。仮に，マンションの一室を改築した場合に，マンション全体の固定資産税評価額が増額され，他の部屋の固定資産税評価額も増額する。そのような理屈はありません。
- 増築の前に，建物の持分を息子に移転登記しておくべき。そういう節税策が提案されると，それを前提に，息子が改築費用を負担したら父に贈与税が課税されるという理屈になってしまう。そもそも持分の移転という節税策が必要ないのです。

● 実務の現場では相続税法９条の適用など想定していないと聞いたことがあります。ただ，課税庁に照会すれば，当然，課税対象だという回答が戻ってきます。父親の居宅の改装も課税庁に問えば相続税法９条と回答されますが，実務の現場で，そのような課税が行われているか。私は，そのような事例を聞いたことがない。

● 身近に相続税法９条を適用した事例は見受けない。税法の条文解釈の前に，社会の常識で判断すべきが税法解釈です。そのためには実務の経験値が必要です。

● その実務の経験値の１つですが，市役所に持ち込んで固定資産税評価額を増額してもらったことがあります。建築費の70％などと比較すればわずかな増額です。それで贈与税課税のリスクが解消できれば固定資産税の増額は無視できる金額です。

● 建物の内装の改築を市役所に持ち込みましたが，私の場合は固定資産税評価額について増額の必要がないという回答でした。市役所に持ち込むのが贈与税課税についてのリスク回避になります。

2022/10/12

実務に役立つビビッドな話題　愛人へのお手当は非課税なのか

テーマ　愛人へのお手当も相当額なら生活費の負担で非課税なのか。

● 愛人は扶養義務者ではないので生活費であっても贈与税は非課税にはなりません。そうすると未婚で同棲している女性への生活費も課税になってしまう。こんなケース世の中には沢山あると思うので，現実にはそんな硬いことを言わず，課税当局も見て見ぬふりか。

● 婚姻，内縁，重婚的内縁，愛人と程度が異なり，民法上の婚姻関係の保護は重婚的な内縁までなので，愛人には民法上の扶養請求権は認めません。つまり，扶養義務はありませんが，２人の生活のための費用だと思う。

● いや，しかし，「内縁関係にある者が受けた生活費や学費は贈与税の課税対象になる」とした令和２年４月16日の非公開裁決（国税速報令和３年３月29日号）があります。

● 内縁の妻という事実関係と読み取れますが，①Ａは平成13年頃からＢと婚姻の届出をしていない内縁関係で，②Ａには子が２人いるが，Ｂは子らの認知をしていない。③Ａは平成24年から平成29年までの間は無職だった。④Ｂから受領した金員はＡと家族の日常生活のためなどに費消されていた。

● そのような関係について「そうすると，本件各金員の授受は，関係人Ｂが請求人Ａに対して自己の財産を無償で相手方に与え，請求人Ａがこれを受諾する，いわゆる贈与契約に係るものであるといえるから，本件各金員は，関係人Ｂが請求人Ａに対して贈与したものであると認められる」という判断です。認知していないから，子らとも法律上の親子関係にない。そうすると，「関係人Ｂは，請求人Ａ及び本件子らのいずれに対しても法律上の扶養義務を負っていないのであるから，請求人Ａの主張は独自の主張というべきである」として扶養義務を否定し，贈与税の課税対象と判断した驚きの裁決です。

● 裁決には背景事情が存在する場合が多い。生活費という名目で毎月1000万円が支払われていたとか，本当は内縁関係にないのに，それを課税庁側が否定することができないとか。そのような場合には「法律上の建前」による判断をしてしまう。つまり，扶養義務がないという判断です。

● 内縁関係なら民法上の扶養義務があります。２人の生活のための費用を負担しているだけで，負担割合がゼロ対100でもそれは自由。それに余剰が生じたら，そこで贈与税が登場するのは夫婦の場合も同じです。それは若い２人が同棲する場合も，中年の２人が愛人関係になる場合も同じだと思います。

2022/10/13

実務に役立つビビッドな話題　**開業前に取得したパソコンの減価償却費と開業費用**

テーマ　ゲーム関連のフリーランスを３月に開業するために１月に50万円

のパソコンを購入して開業準備に使用する。①1月と2月の2か月分の償却費は開業費（繰延資産）になり，②3月以降の10か月分の償却費は必要経費なのか。

- 事業供用後の償却費が必要経費になるだけだと思う。それまでは家事使用です。事業にしか利用できない償却資産（賃貸物件）なら客の募集（事業開始）の日から償却開始（必要経費）ですが，パソコンは，そのような資産ではありません。
- そもそも開業の時期ですが，店舗を借用し，設備を設置し，店員を雇用して研修を始める。しかし，売上が立つのは3月の開店後。そして所得税では収入があってこその所得課税の開始ですから，3月が事業所得の始まりですね。
- 収入が開始しない限り，所得税法の事業所得とは言わない。この定義は確定してしまって良いのですね。ブログに多数の発言を書き込み，いまはアフィリエイトで収入を確保しているが，その前の3年間は収入が得られない3年間だった。その場合は収入が得られない3年間については事業所得とは言えない。ただ，開業後に遡って検討して，支出の一部が開業費として拾い上げられる場合がある。
- その場合でも，開業費は「開業準備のために特別に支出する費用をいう」（所得税法施行令7条）ので，減価償却費は該当しません。家賃や，開業準備の人件費が開業費でしょう。
- 法人税であれば，設立後は売上がなくても費用を認めますが，消費生活を行う個人の場合は，そこに「収入の確保」という段階になって初めて事業所得になる。準備期間の費用を開業費として拾い上げることは可能だが，しかし，減価償却費は「支出」とはいわない。
- 開業後に減価償却を開始すれば良いのですが，減価償却が強制償却になる所得税と，開業準備行為の定義の隙間に落ち込んだ費用で，税法上の必要経費にはできない。しかし，現実的には開業後の減価償却の開始で是認されると思う。

2022/10/13

2022年10月16日～10月22日

実務に役立つビビッドな話題　**成年後見人には親族を選任するのが原則**

テーマ　成年後見制度を利用したら大変。専門職の後見人が選任されたら死ぬまで毎月３万円から５万円の後見人報酬が必要になってしまう。

● 親族が後見人に選ばれた割合は令和３年で20%，平成29年に比べ約６ポイント低下したという報道があります（日本経済新聞令和４年10月15日）。成年後見人に専門職が選任されるのは「周囲に頼れる親族がいない『おひとり様』の高齢者が増えたため」だと解説しています。最高裁は令和元年に「身近な親族を選任することが望ましい」と各家裁に通知しており，後見人の候補に親族がいれば認められるケースが多いそうです。

● 普通の家庭なら親族が後見人に選任される。それなら成年後見人の報酬は不要ですが，それにしても親族を後見人にした割合は20%。これは親族が選ばれないということより，家族を後見人に選任しても問題がない家庭は，成年後見制度を利用しないと考えるべきでしょう。

● そうですね。我が家の場合なら成人した子が３人並んでいます。成年後見制度を利用しなくても，私の預金は子供たちが管理してくれる。

● 仮に，後見人に家族がなった場合でも，年１度の家庭裁判所への報告は面倒ですし，親が死ぬまで財産を凍結させてしまうのは，親にも子にも不幸なことです。

● 成人した子がいるのなら，預金をその子名義に換えてしまえば良いと思います。いわゆる名義預金であって，名義変更に贈与税が課税されることはありません。もし，心配なら信託契約を締結して，税務署には信託調書を提出しておけば良いと思います。

● 仮に，遺産分割の場合でも，相続人の全員が仲良し家族なら，母親の押印を代行しても誰も不満を持たない。その辺りを形式的に判断して，意思能力がない場合は成年後見制度の利用が必要とアドバイスをするとしたら，それは現場の経験値の少ない専門家と言われてしまう。皆さん，庶民の知恵で解決している。それが成年後見制度が利用されない理由です。

2022/10/16

実務に役立つビビッドな話題 **毎年の贈与が定期贈与と認定される可能性**

テーマ　80歳の女性だが，毎年500万円ほどを10年かけて娘に贈与したい。これが定期贈与と認定される危険はあるのか。

- 1年毎に贈与契約書を作成すれば定期贈与という認定はあり得ません。今年は500万円で，翌年は600万円と，お互いの意思を確認しながら実行すればよいのではないか。贈与する側も気が変わるかもしれません。
- 定期贈与という理屈を語る方はいますが，実際に定期贈与の認定を聞いたことがない。仮に，5000万円を融資し，毎年に500万円を免除するという脱法行為でもしないと認定は難しいと思う。その場合だって融資時の全額の贈与と認定したら6年が経過すれば課税権の時効になってしまう。
- 仮に，子に5000万円を無利息で融資する。その場合なら利息相当額の利益は予定された定期贈与になるが，返済期日までの利息相当額を一括して課税したという理屈も聞きません。
- 暦年贈与信託「おくるしあわせ」という商品があります。子や孫に対し，毎年に500万円の贈与を続けたいが，忘れずに管理するのが面倒だ。そのような場合の信託です。祖父母が，信託銀行に予め資金を信託しておいて，次のような手順で贈与を実行します。贈与の度に贈与意思を確認するのは定期贈与（一括贈与）の認定を回避するためです。ただ，信託銀行は預金残が少ない人たちへのサービスの提供を嫌がると聞いています。

  ①　信託銀行が，毎年定期的に「贈与の依頼書（原稿）」を祖父母に郵送し，

  ②　贈与者は，受贈者と金額を書き込んだ「贈与の依頼書」を信託銀行に返送。

  ③　信託銀行が，受贈者に「意思の確認書」を郵送し，受贈者が，それを返送する。

● 贈与による相続税の節税を防止する。そのような改正案が検討されていて，駆け込み贈与が増えているそうです。具体的には３年内贈与の課税価格への加算について、加算期間の３年から７年への延長が検討されているようです。

【注】改正法の内容は「相続時精算課税の基礎控除を重複して利用する」(125頁)を参照。

● しかし，子供たちに，相続税対策のために現金を贈与することが良いことなのか否か。わずかな相続税を節税するために親子間にカネを贈与するという関係を作り出してしまう。感謝を求めて実行することではないとしても，微妙に感謝を求めてしまわないか。高齢者が現金を失うのも気になります。生前贈与を実行する場合は，節税額だけではなく，人生に与える影響も検討すべきです。

2022/10/16

実務に役立つビビッドな話題 **小規模宅地の評価減を期限後申告で利用する**

テーマ 小規模宅地の特例は期限後申告でも適用がある。そのような理解でよろしいですね。

● 配偶者の相続税額の軽減も適用があります。ただし，遺産分割を要する相続の場合は，相続税の申告期限から３年内の分割が要件で，その時点で家事調停継続中などの理由がある場合は２ヶ月内の所轄税務署長へ承認申請書の提出が必要です（相続税法19条の２第２項，同法施行令４条の２第２項 ）。承認申請の失念に対する救済規定は存在しません。

● 未分割の場合の届出ですから，３年内に分割していれば４年後の期限後申告でもOKです。譲渡所得や相続税は，事業所得と異なり，税法の素人であるサラリーマンも申告対象。だから期限内申告を要件にはしていないのです。

● なぜ，３年経過後２ヶ月内の提出が必要なのか。おそらく分割後の更正の請求に備えて，課税庁に書類を保存しておいて頂くように依頼する趣旨の提出と思います。昔は紙の申告書を倉庫に保管していました。そして一定期日毎に保存書類は破棄扱いになる。その破棄扱いを停止する旨の提出です。しかし、更正の請求期限が５年に延長された後も，この提出だけは法定申告期限から３年経過後２ヶ月内とされている理由は不明です。

- 全ての財産を配偶者が取得する。そのような相続では，居住用小規模宅地の評価減を利用し，配偶者の相続税額の軽減の限度額の１億6000万円以下に納まる相続なら相続税を申告しなくてもよいことになります。税務署から指摘されたら期限後申告書を提出すればよいのです。
- 自分のことなら，そのように考えて放置してしまいますが，他人の財産を管理する立場では，小規模宅地の評価減も，配偶者の相続税額の軽減も，申告要件なので，相続税の申告書を提出しておくことが正しい処理であることは当然です。

2022/10/17

実務に役立つビビッドな話題　**消費税課税売上割合に準ずる割合の不適用届出の要否**

テーマ　課税売上割合に準ずる割合の承認は，たまたま土地の譲渡があった場合などに行うものなので，翌課税期間に「消費税課税売上割合に準ずる割合の不適用届出書」を提出する必要がある。

- 税務署から翌期に不適用届出書を提出するように釘を刺されます。税務署は取り消しや不承認を自ら行うことを嫌がります。不承認の場合も申請を取り下げて欲しいと要望されます。
- 法的整理手続きに基づいて２事業年度にかけて土地を売却する場合の「準ずる割合」の処理で，翌事業年度に「準ずる割合の不適用届出書」を提出せずに，２事業年度について適用して良いと税務署から指導された経験をしました。つまり，不適用の届出をするか，税務署から取り消しの決定を受けない限り，課税売上割合に準ずる割合の承認の効果は続くのですね。だからこそ「消費税課税売上割合に準ずる割合の不適用届出書」の提出が要求される。

2022/10/17

実務に役立つビビッドな話題　**分割型分割の継続保有要件の意味**

テーマ　社長が100%を所有する同族会社が建設業と不動産賃貸業を経営する。子は上場企業に就職して建設業の後継者はいない。そこで分割型分割で不動産賃貸業を新社に移転し，建設業に集約した分割旧社の株式を第三者に譲渡する。この場合は適格分割型分割になる。

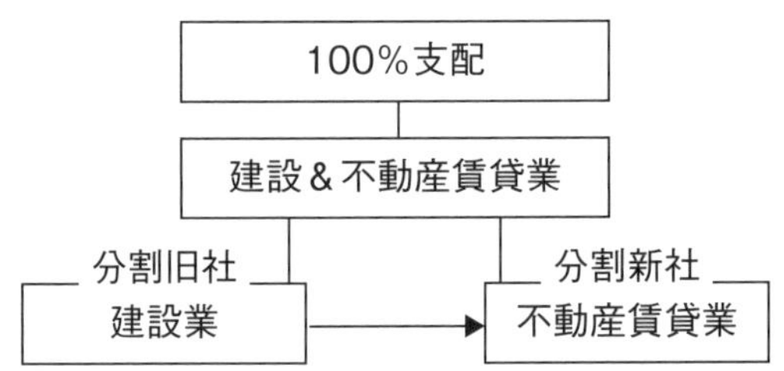

● 分割旧社の株式の継続保有要件は求められないので適格分割です。

● しかし，これを理論的に説明しようとすると難しい。(A) 分社型分割のような二重の含み損の防止なら，二重の含み損が生じない分割新社の譲渡も認めるべき。(B) 分割型分割による含み益と含み損の切り分けの防止なら，分割旧社と分割新社の両方について継続保有を要件すべき。

● 合併会社に継続保有要件が課されるので，分割承継会社には継続保有要件を課す。だから分割新社にも継続保有要件を課す。その三段論法でしょう。

● なるほど。合併と分割型承継分割は同等で，分割型承継分割と分割型新設分割は同等なら，合併と分割型新設分割も同等。全てについて同じ理屈が適用されるべきは当然。

● 継続保有要件が，二重の含み損の防止のために存在するのは確かだと思います。含み損10億円の土地を分社型分割すれば，親会社が所有する子会社出資金と，子会社が所有する土地の両方に10億円の含み損が作り出せてしまう。この２つの含み損の実現を防止する必要があります。しかし，合併では，そのような租税回避は想定されない。そもそもの疑問として，なぜ，合併に継続保有要件を課すのか，その理由は不明です。

2022/10/17

実務に役立つビビッドな話題　**配偶者名義の預金と相続財産**

テーマ　現金7100万円と配偶者名義の定期預金1063万円の申告漏れがあり，その帰属を生涯収入の比で計算した課税処分と，それを取り消した裁決。これほどまでに納税者に有利な裁決があるのか（令和4年2月15日付公表裁決　税のしるべ3527号）。

- 課税庁は，被相続人と配偶者の生涯収入の比率を95.31％と4.69％と計算し，金融資産のほとんどを被相続人に帰属する計算に基づく課税処分を行った。
- 裁決は，これを納税者の有利に取り消した。①配偶者が管理運用しており，②被相続人の収入が混在している可能性を否定できない，③被相続人と配偶者の収入比率等により合理的にあん分することができない。そのような場合は本件現金と預貯金が，本件申告書に計上された預貯金及び現金の額を超えて，被相続人に帰属する相続財産として存在していたと断定することはできない。
- 預金の帰属は，その資金の収入源をもって帰属を決めるのが第1原則で，それが不明の場合は生涯収入の比で配分する。そこまでは理解できますが，そのような判定ができない場合は，実際に管理していた配偶者に帰属するとみなす。随分と納税者に有利な判定です。

2022/10/19

2022年10月23日～10月29日

実務に役立つビビッドな話題　**インボイス制度の趣旨**

テーマ　経営者向けのセミナーをすることになったが，インボイス制度を一言で説明すると何なのか。当初は複数税率を採用する以上はインボイスで税率の内訳を明確にすることが必要。ここから始まったと思うのだが。

- 食料品８％で，その他は10％。インボイスがなくても複数税率の害は生じていません。しかし，決めたことは途中で中止できないのが日本という国。オリンピック，国葬，個人番号についても同様です。
- DXの時代に，ひと手間を必要とする制度を導入する。それだけ考えても無駄な制度だと思う。その結果が免税事業者のあぶり出しになった。日本にはすごい数の免税事業者がいる。個人と法人を併せて59.3％です。

全事業者数の状況（件）			
課税事業者	個人	1,483,507	16.7%
	法人	2,059,819	24.0%
免税事業者	個人	4,250,893	49.5%
	法人	836,913	9.8%
		合計	100%

- しかし，金額基準では免税事業者は個人と法人を合わせて1.7％。その対策のために98.3％の取引に加重要件を課すことが合理的とは思えない。

課税売上高の状況（百万円）			
課税事業者	個人	352,743	2.8%
	法人	11,870,906	95.5%
免税事業者	個人	130,414	1.1%
	法人	78,659	0.6%
	合計	12,432,722	100%

- 日本で，帳簿に並行して，インボイスを導入する必要はない。税務調査で，インボイス番号を調べるなど不可能だと思う。
- なぜ，財務省はインボイス番号を導入するのか。複数税率は，食料品を据え置き，その他の税率を引き上げるための手段でしょう。諸外国では消費税率は25％だと説明して。
- 公明党が庶民の味方として食料品の消費税率を据え置いた。財務省にしてみたら面倒になるだけだったのだが，その代わり，食料品の消費税さえ据え置けば，その他の消費税は25％までの増額が可能になった。財務省と争えば，常に，財務省が勝つ。その一例です。

2022/10/23

実務に役立つビビッドな話題　**裁判所のIT化**

テーマ　知的財産権やM＆Aなどビジネスを巡る訴訟を専門にビジネス・コートと名付けた裁判所（東京・目黒）が開設される。民事訴訟法も改正されて2025年度中に訴状の提出から裁判記録の閲覧までデジタル化する方針。

- 既にweb裁判が実行されています。訴状を陳述する第一回期日からweb裁判で，証人尋問は法廷ですが，和解の場合はweb裁判で全てが完了します。
- 裁判所まで出かけて，自分の順番を待って，5分で弁論を終えて，また，事務所に戻る。5分間の仕事に1時間をかけるのが裁判手続でしたが，いま，web裁判で往復の時間と待ち時間が解消されました。自分の地元ではない遠方の裁判を引き受ける場合には格段に便利です。
- 裁判所はZoomではなく，Teamsを利用していますが，Teamsを通じて裁判官からメールが届きました。これからは期日の変更などもメールで処理する時代が到来すると思います。
- 訴状提出から裁判記録の閲覧までデジタル化ということだが，これは国税の電子申告と同様に保存手続と保存倉庫の解消なのか。さらにPDFファイルではなく，テキストファイルの提出を求めるデジタル化なのか。さらにDX化して裁判のシステムまで変えるのか。

- おそらく提出する書類はPDFで，裁判官が判決を書く場合は，当事者の主張を含めて手入力を必要とすることに変更はないと思います。訴状や答弁書をテキストファイルで提出すればコピー&ペーストが可能ですが，そこまでは考えていないでしょう。
- IT技術が不得手な高齢な弁護士は廃業を考えていると聞きます。地方の弁護士会ではIT化についての講習会を開催すると聞きます。東京では，そんな親切な動きはないですね。

2022/10/23

実務に役立つビビッドな話題　**相続後に返還することを合意している借地の評価**

テーマ　母親が一人で住まっている自宅は借地上にある。相続人の誰も必要としない居宅なので，母親の相続の後には借地を地主に無償で返還する予定だが，借地権を相続財産に計上するのが無駄のように思う。

- 借地権を地主に無償で返還するのは良いが，ただ，相続時点では借地権が存在する。生前の借地権の放棄とか，使用貸借に切り替えるという手法も，母親が死ぬことを前提にした処理で現実的には実行不能です。
- 介護老人ホームに入所した場合なら，留守宅を地主に返してしまうことも考えられるが，しかし，戻る家を処分してしまうのも母親には気の毒です。
- 母親が死亡した場合には借地は地主に返還する。地主との間に，そのような合意書を締結しておいたら，相続時点では価値がゼロの借地権と主張する理屈になるように思う。
- なるほど。借地の明け渡しの合意が，借地借家法で無効になる可能性があるとしても，合意としては存在し，それが実行されたら相続時点での評価額はゼロ。そのような主張は可能ですね。

2022/10/23

実務に役立つビビッドな話題　**相続税の申告の際の残高証明書の要否**

テーマ　相続人に預貯金の残高証明書の取得をお願いしました。

- なぜ，わざわざ残高証明書を取得するのか。預金残は通帳で確認できます。手数料の話ではなく，わざわざ金融機関を回ってもらう手間をかける必要はないと思う。
- OB 税理士が講師の講演会で「定期預金の評価明細書の経過利息の欄は結構チェックします」と語っていた。経過利息の把握には残高証明書が必要。ここが正確に記載してあれば，その他もきっちりとしているだろうという１つの目安にしていると話していました。
- そういうのを「もっともらしい嘘」というのでしょう。いま定期預金の利息は0.002％なので1000万円の１年間の利息は200円。この講師は定期預金の金利が５％だった時代から脳味噌の更新を怠っている。
- 生計が異なる叔父からの相続など，相続人が財産関係を把握していない相続では預金口座を調べる必要があるが，普通の相続では，家族も，本人も認識していない預金が存在することはまずない。そのような預金が存在し，仮に100万円の残高が残っていたら認知症なのか，無頓着なのか。
- 大部分の相続では，残高証明書を取るまでもなく家族が預金残を把握している。それでも，取引金融機関の残高証明書を相続税の申告書に添付するという実務を行っているとしたら，それは税理士の惰性と思い込みの問題です。
- そもそも庶民の相続税の申告に税務調査が来る確率は10％を下回るが，税務調査があって，家族も知らなかった高額の銀行口座が見つかったら相続人は喜んでしまう。税務署が計上漏れの預金を探し出してくれれば嬉しい顛末です。

2022/10/23

実務に役立つビビッドな話題 **認知症が進みつつある両親の財産管理**

テーマ　賃貸不動産を所有する高齢の夫妻で，特に妻の認知症がかなり進んできている。後見人などがつくと面倒なので，家族信託を提案しようかと思っている。

- 信託などの登記をすると，銀行が融資をしてくれないし，売却する場合も買主が不安を感じます。建物だけを長男に贈与する方法も考えられますが，税負担と手間がかかります。

- 信託などの面倒な処理は不要です。不動産は同族会社にサブリースして管理し，預金はカードを作るか，ネット送金の処理をすれば家族が自由に引き出せます。余計な出費も複雑な管理も不要です。
- 会社に賃貸し，会社がテナントに貸すのがサブリースですが，サブリースで会社が抜けるのが家賃の20％程度の金額。会社に管理委託し，会社名義でテナントに貸す方法もあり，その場合は５％から20％の管理手数料です。
- 認知症が進むと大規模修繕や建て替えができなくなるといわれています。しかし，日ごろから付き合いのある銀行や管理会社は，所有者個人ではなく一族の資産を把握しています。さすがに売却は無理ですが，必要な処理は子のサインでもやってくれます。
- 預金名義を娘に変えてしまっても，分別管理していれば贈与税が課税されることはない。いわゆる名義預金ですから，家族の預金として娘が管理すれば良いと思います。

2022/10/23

実務に役立つビビッドな話題　**役員報酬の決定について株主総会の要否**

テーマ　株主総会で取締役の年間報酬総額を決定し，取締役会で各人ごとの年間報酬を決議している会社がある。月額の定めはしていないのだが，このことだけで定期同額給与ではないという否認をされるのか。

- 支給時期が１月以下の一定期間ごと，かつ，支給額が同額である給与であれば良いので月額の定めまで求めていない。３ヶ月以内の改変時のみ取締役会決議をする。
- いや，取締役会決議は不要です。役員報酬の決定は次の三段論法です。①取締役全員の報酬総額を株主総会で決議し，その配分を取締役会に一任することは可能（最高裁昭和60年３月26日判決　判例時報1159号150頁）。さらに，②取締役会が各々の取締役の報酬の決定を代表取締役に再委任することも有効（最高裁昭和31年10月５

日)。そして，③株主総会で報酬の限度額を決議しておけば，その後，事業年度が終了し，あるいは役員が入れ替わった場合においても報酬決議をやり直す必要はない（大阪地裁昭和２年９月26日)。

● 人事権こそが社長の権限なのだから，取締役会の合議で各人の報酬を決議するなどということは現実的にはあり得ません。

2022/10/23

実務に役立つビビッドな話題 **時効取得で土地を手に入れた場合の一時所得課税**

テーマ 時効取得した土地があります。一時所得で申告しますが，その後に土地を売却する場合の譲渡原価はいくらなのか。

● そもそも論ですが，時効取得は一時所得という判例がありますが，実務で時効取得に一時所得課税をしているのか。時効取得は，そもそも自分の財産について，取得原因（売買など）が立証できないことから主張する場合が大部分です。自分の所有物の権利確保に一時所得課税をされたら不合理です。もちろん無難に一時所得を申告するのも実務です。

● 一時所得で申告するとしても，所得発生の時期はいつか。理論上は次の４つの説が成り立ちます。①時効の起算日，②起算日から20年が経過した時効の完成日，③援用日，④判決の確定日の４つです。裁判実務（静岡地裁平成８年７月18日判決等）は③説を採用しています。つまり，訴状で時効を援用した日の一時所得であって，判決確定日の一時所得ではありません。

● 一時所得を申告するとしたら，所得額は時効援用日の時価ですね。その後，土地を売却する場合の取得価額はゼロなのか，時効取得による利益として申告した時価なのか。

● 時価100の資産を取得したことを理由に，一時所得として100の利益（所得税）を認識したら，その資産の取得費が100であることは理屈から明らかだと思います。そうしなければ二重課税です。贈与税（相続税）の場合は，贈与者の簿価を承継しますが，贈与（贈与税）の場合と，一時所得（所得税）では課税の理屈が異なります。

● 時効取得の勝訴判決を得て，取得時効を登記原因として登記した経験がありますが，一時所得を申告せず，税務署からも音沙汰なし。あるいは税務署が気づかなかっただけかもしれませんが，移転登記は税務署が調べているという風評もあり，承知の上で課税しなかったような気もします。

2022/10/24

実務に役立つビビッドな話題　**共有持分を買い取りますというDM**

テーマ　不動産の共有持分を買い取りますというDMがきた。共有者の承諾なしに売却できるということだが登記上は問題ないのか。

● 仲の悪い兄弟に発生した相続で「共有持分の売却ができますよ」という電話に飛びついて兄は共有持分を売却しました。その後，弟にも買取りの営業をしてきました。買取価額は相場の半額程度だったようです。

● もめていたら安くてもいいので現金化したいという需要はありそうです。

● 底地を買います，少数株式を買います，共有持分を買い取ります。それはヤクザの商売ですから，仮に，争っている兄弟との共有で，兄弟に「ざまあみろ」と言えますが，しかし，売った方が家族間の争いにヤクザを入れたことに違いはない。そこまで落ちてしまったら人間として終わりだと思います。

● 少数株式を買い取ると宣伝している弁護士もいますが，自由自在に正義を入れ替えられるのが弁護士。どれほど嫌いな兄弟でも家庭内にヤクザを入れてはいけません。どんな形で自分に跳ね返ってくるか予想不能です。

● ①底地を買います，②少数株式を買います，③共有持分を買い取ります，で一番に怖いのが③です。共有持分を持っていれば共有物分割の訴訟手続が可能なので，結局は解決されてしまいます。つまり，適正な時価で共有持分を買わされるか，競売になるか，代償金で追い出されるか。いや，法的手続ではなく「脅し」で解決されてしまうと思います。

● ②の場合は，帳簿閲覧請求権や，株主総会の開催などと脅かしてきます。内容証明郵便なら良いのですが，見た目がヤクザの人たちが店頭に来て，正当な権利を大声で主張するのですから，会社側が弁護士に相談しても，とても対抗できません。

● それに比較すれば①の場合は穏当です。借地権という権利は法律で保障され，自動更新ですから，底地を買い取っても最終解決に至るのは30年後，50年後，100年後なので，地代増額や，更新料で脅かされても，弁護士に依頼すれば従前の使用を継続することが可能です。

● それにしても，トラブルが生じないように，共有関係が生じない遺産分割を心がけることと，少数株主には適正な配当を支払って円満な関係を続けること。地主にはお中元，お歳暮を欠かさないことでしょう。弁護士に相談して解決できる問題ではありません。

2022/10/25

実務に役立つビビッドな話題 **外注費を仮装している関与先への税務調査**

テーマ 外注費を仮装して1億円を超える架空経費の計上。税務署から調査の連絡があったが，先に修正申告書を提出してしまうべきか，調査日時に修正申告書を準備しておくべきか。

● 経理ミスによる過少申告なら，そのような対策を考えますが，意図的な脱税で，それも1億円を超えるような事案で調査前に修正申告書を提出しても意味はないでしょう。調査を予知しない修正申告の加算税の減免の適用もない。逆に，税務署の担当官に余計なことをやる税理士の印象を与えてしまう。

● 私だったら，修正申告書を作成し，それを鞄にしのばせて税務署に説明に行きます。社長を連れて，なるべく午前中の遅い時間にアポを取って。税理士がびっくりして飛んで来たとアピールするためです。

● 言い訳の言えない脱税だとして，それでも税務署は仕事を終わらせる必要がある。議論するのではなく，解決策を検討する方が無難です。納税できない更正処分をしても徴収が面倒なだけ。と，課税庁側が考えてくれるか否かは担当者の個性と，その後ろで決裁する審理担当官の判断によって異なると思います。納税できる金額まで減額してもらう。仮装支出を社長への貸付金にしてもらう。その場合でも重加算税は素直に受け入れる。

● 1億円（所得）を超える脱税をする社長の個性ですが，①初めて儲かり，税金を納めた経験がなく多額の税負担の経験がない，②インチキ商売で，営業についても，納税についてもインチキ型，③悪い奴に声をかけられて領収書を手に入れる引きずり込まれ型，④それ以前の失敗で債務の返済に困った資金繰り型の脱税，⑤複数の女性（愛人）がいて，カネを引き出すための外注費用型脱税，⑥表に出せないゼネコン営業マンの賄賂型の脱税。そういう状況が生じたときは税理士としても注意しますし，税務署も注目していることを意識すべきです。いや，⑦小さな脱税を繰り返すコソ泥型の脱税もあります。

● 大昔は，脱税報酬を貰っていない限り税理士はお目こぼしでしたが，いま，脱税報酬を貰っていなくても，脱税に関与すれば起訴される時代。起訴されなくても懲戒処分は避けられない。脱税傾向の納税者からは，さっさと逃げ出すのも税理士の生き残りの知恵です。「税理士が良いと言った」なんて納税者が語るとアウトです。

● 重加算税の脱税が露見した場合の納税額は，本税，重加算税，延滞税と，もしかして隠蔽金額を超えてしまうかもしれない。脱税した金額は預金として保存しておくように日々，社長に釘を刺しておくこと。つまり，脱税は割に合いません。脱税は昭和の時代の経営者です。

2022/10/26

実務に役立つビビッドな話題 **事前確定届出給与の支給日がずれた場合**

テーマ　社保対策で事前確定届出給与を採用した会社だが，もし，届出日と実際の支給日がずれたらどうなるのか。少々はおとがめなしでいいのですか。

● 2，3日のズレなら届出日に未払金を計上すれば大丈夫だと思います。いや，しかし，役員賞与の現実の支給が必要であって，未払金処理は認められないのだから数日ならOKと考えて良いのか否か。

- 忘れていたらバックデートで現金払いにします。現金がなかった社長借入と，役員賞与の支払いの両建ての仕訳伝票を差し込むとか。
- 法人税法34条1項2号は「その役員の職務につき所定の時期に」で「所定の日に」ではないので，1日か，2日の違いであれば大丈夫だとは思います。ただ，私は小心者ですので，顧問先には「届出の日に支給するようにしてください」と伝えてあります。
- 1日，2日の違いといえど「月をまたぐ」と怖いなと感じます。月またぎはまだしも，期をまたぐと大変なことになりかねない。支給予定日は絶対に事業年度末日にしない方がいいですね。源泉税だけは届け出た日を基準に納付すべきです。
- 税理士が国税局に問い合わせたところ，その月であればOK。心配であれば年月だけ書けば良いと言われたと語っていた。ただし，そのようなことが文書で残っているわけでもない。現場の調査官が1日の差を気にするとは思えず，1週間ぐらいは許容範囲かと思っています。
- 乱暴に言ってしまえば絶対に突っ込まれることはないと思います。資金繰りの事情があれば未払計上も認められるので，1週間程度で指摘されるわけはないと思っています。
- 定期同額給与も，事前確定届出給与も，なぜ，これほどに支給日にこだわる制度を使ったのか。①委任契約に基づく支払いだから期日通りにといっても，税理士報酬が支払日で否認されることはない。②定期同額の支払いをもって委任契約の内容を確認する趣旨だとしても，家賃の支払いが遅れても苦情は言われない。無駄な神経とリスクを負担させる制度は良い制度ではないと思います。

2022/10/29

2022年10月30日～11月 5 日

実務に役立つビビッドな話題　**税務署への脱税の情報提供が調査に繋がる可能性**

テーマ　相続税の申告も済ませたのに、どうしても相続財産の分配に納得できないようで、亡くなった父親と妹が財産（預金）を隠していると兄が税務署に密告した。税務署はいつ頃に調査を開始するものなのか。

● 直告担当者がいるそうですが、愛人や経理担当者などで具体的な資料があれば取り上げるが、ほとんどは恨み、勘違いなので無視だと聞きました。

● いまは国税庁のサイトから情報提供できます。「課税・徴収漏れに関する情報の提供」というページがあります。「個別・具体的な課税・徴収漏れに関する情報をお持ちの方は、情報提供フォームに入力の上、国税庁までお寄せください」

● タレ込みには、電話、投書、メール、署の窓口など様々ですが、１つの「情報」に過ぎないので実際に調査に繋がるかは量と精度の問題。週刊誌や業界誌で、まことしやかなお金の流れ疑惑ネタが出ると内容の精査が必要になります。

● 相続人という当事者からの密告なら税務署側も喜んでくるかもしれません。

● 全くダメです。相続争いなんて星の数ほど存在し、疑心暗鬼の相続人なんてイワシの数ほど存在する。名義預金の通帳のコピー。そのようなものを提出しない限り検討もされない。逆に、争いがある面倒な相続として調査を退けてしまうと思います。

● 脱税事件の密告は税務署も喜ぶ情報と思えますが、それの窓口を担当する税務職員として考えたら、その情報で所轄の調査官を動かして税務調査をさせるには、相当の精度（証拠）のある密告でなければ行動できません。

● 警察への告訴状の提出に似てますね。告訴状を警察に受理させるのは相当に難しいことです。桶川事件で様子が変わったかもしれませんが、私が告訴状を持ち込んだときはコピーして終わり。つまり、正式な告訴は受理しませんでした。税務署の場合だったら、当事者の恨みを税務署に持ち込まないで欲しい。そんな気分だと思います。

2022/11/01

実務に役立つビビッドな話題 **配偶者居住権を設定する遺言を放棄する**

テーマ　配偶者居住権を取得させる遺言は遺贈に限り、「相続させる遺言」では実行できない（民法1028条）。そして遺贈なら放棄することができる（民法986条）。

● 国税速報6729号の「被相続人の遺言による遺産の分割によって配偶者居住権を取得するものとされた場合の配偶者居住権のみを取得しないことの可否」という税務相談ですね。しかし、「相続させる遺言」の場合に一部の財産の取得を放棄することができないのだろうか。

● 最高裁平成３年４月19日の香川判決は「何らの行為を要せずして、被相続人の死亡の時（遺言の効力の生じた時）に直ちに当該遺産が当該相続人に相続により承継されるものと解すべき」と判示している。つまり、遺言書に反する遺産の分配は、遺贈であれば可能だが、「相続させる遺言」の場合は不可という判断です。

● 国税速報は遺言に基づく配偶者居住権の設定は遺贈に限り、「相続させる遺言」ではできないことを理由に、この遺言を遺贈と定義し、放棄することが可能と解説している。

● 香川判決も「当該特定の相続人はなお相続の放棄の自由を有するのであるから、その者が所定の相続の放棄をしたときは、さかのぼって当該遺産がその者に相続されなかったことになるのはもちろんであり」と判示している。第三者（債権者）との関係では相続開始後３ヶ月以内の相続放棄に限られるとしても、相続人間の自由な遺産分割が否定されるとは思えない。当事者が納得すれば「何でもあり」なのが民法です。配偶者居住権の場合に限らず、遺言書に従わない遺産分割を可能とするのが実務です（質疑応答事例：相続税・贈与税・遺言書の内容と異なる遺産の分割と贈与税）。

● 国税速報6729号の税務相談で参考になったのが遺贈と「相続させる遺言」の違いを紹介する次の一覧表です（表記方法の一部を修

正)。相続人に対する遺贈の登記が単独申請になったことは知りませんでした。

	遺贈	相続させる遺言
①不動産登記の申請	受遺者が相続人の場合は単独申請（令和５年４月１日以降の登記申請）	受益相続人の単独申請
②登録免許税の金額	受遺者が相続人の場合は1000分の４（平成15年の登録免許税法の改正）	同左1000分の４
③農地法３条の許可	相続人への遺贈は不要	不要
④賃借権の承継における賃貸人の承諾	必要（民法612）	不要

● 譲渡制限のある株式についても「相続させる遺言」なら会社の承認は不要（会社法134条）ですが、遺贈の場合は承認が必要です。ただし、「相続させる遺言」の場合は相続人等に対する売渡しの請求に関する定款の定め（会社法174条）の適用を受けることになります。

2022/11/01

実務に役立つビビッドな話題

否認事件は起訴されない

テーマ　**否認事件は起訴し難い。これは刑事事件の鉄則で、だからこそ自白を取るために警察での厳しい尋問が行われるのですが、これが脱税事件についても同様だと元金沢国税局調査査察部長の品川芳宣氏が語っている。**

● 「税歴60年の教え」という連載（税のしるべ　3529号）ですね。査察部と富山検察庁との間で揉め事があり、その理由は否認事件を検察庁の同意を得ずに告発したこと。もちろん否認事件も、検察の了承を得れば告発できるのでしょうが、しかし、検察の了承を得ずに否認事件を告発すると揉め事になってしまう。

- 「否認事件にならないように、脱税容疑者がガサ入れで最もショックを受けたときに、脱税の犯意を認めさせる必要があったから」「どの事件についても、否認事件にならないように苦労した」と、その後の査察部の経験を語っています。
- 脱税事件で査察が入る。税理士業をやっていて、一生に一度、そのような経験をするか否か。さらに査察官に対して納税者が脱税の事実を否認する。そんな事件に遭遇するのは３度も生まれ変わって３度とも税理士になっても遭遇しません。しかし脱税事件に限らず刑事事件でも、否認する被疑者は扱いにくい存在であることは確かです。
- 最後には検察に預けることになる脱税事件。先に検察の了承を得ることが必要。それは公務員の社会では当たり前のことですが、その当たり前を元金沢国税局調査査察部長が語っているのが面白い。

2022/11/02

実務に役立つビビッドな話題 **税理士の責任を限定する条項の必要性**

テーマ　「顧客に重大な損害を与えた場合は、その原因が税理士の故意又は過失による場合に限り、顧客が被った損害の範囲内で賠償するものとする。責任賠償額は、顧問料と決算料の１年分を限度とする」という約定を税理士顧問契約書に追加すべきか。

- 「委嘱事案の処理に必要な書類、帳簿及びその他の資料は、甲（委嘱者）において一切取り揃えるものとする。これらの書類の不備に基因して生じる委嘱事案の瑕疵は甲（委嘱者）の責任である」という条項がある事案について、税理士は「特に問題になりそうな点に言及し、事実関係の把握に努め、依頼者の説明だけでは十分に事実関係を把握できない場合には、当該問題点を指摘し、調査を尽くさなければならない」と判断して免責条項を否定した判決があります（京都地裁平成７年４月28日判決）。
- 相続税の申告のように、相手方が消費者である場合は、消費者契約法が適用されて責任限定契約は無効（横浜地裁令和２年６月11日判決）です。

- 通常の税理士業務について免責の合意をしても効力はありません。医者が患者から取得する手術の免責文書（静岡地裁浜松支部昭和37年12月26日判決）と同様です。しかし、節税スキームについては免責の合意が認められる可能性があります（千葉地裁平成12年３月27日判決）。「そもそも節税対策であることの認識がある以上、それが功を奏して他の法形式を選択した場合よりも税金の点で利益を享受することがある反面、場合によっては期待するような節税効果があげられないことのあり得ることも当然に想定すべきものである」
- 一連の発言を見ていて思ったのは、この制限条項は税理士職業賠償責任保険が導入される前の実務です。あの頃は賠償額について限度額の約定が欲しくなりました。しかし、いま税理士職業賠償責任保険に加入すべきは当然の時代。ただし、事前税務相談特約が節税スキームに適用されるか否かは微妙ですので、節税指向の税理士事務所は「節税事案免責」の条項は必要です。

2022/11/04

実務に役立つビビッドな話題　**免税事業者が消費税を請求することの可否**

テーマ　インボイスの登録をしないと消費税が請求できない。この理解は誤りで、インボイス登録をしない課税事業者が存在するのだから消費税の請求も可能。

- 請求額に消費税相当額と「相当額」を付けるのなら良いとして、そうでないと支払った方は仕入税額控除が可能と勘違いしてしまいませんか。
- 登録番号の記載がなければインボイスではないので、仕入税額控除が可能とは誤解させないと思います。課税事業者でも登録をしない事業者が存在するので、消費税額を記載することを法律で禁止しないそうです。その代わりに登録番号を記載することで、仕入税額控除ができるインボイスかどうかを判定する。
- それは消費税の矛盾から生じた矛盾。消費税を請求したら、それは仕入税額控除が可能な消費税でしょう。
- 要するに値付けの問題なので、請求者の立場で消費税を請求額に加えるのも OK。しかし、消費税法が定着したいま、「消費税」という請求は、それが消費税であり、仕入税額控除が可能という表現になると思います。

● どうしても消費税分を ON したいのなら内税の請求書にすれば良いと思います。大量のフリーランサーに依頼する会社の支払い規定を「時間単価＋税」で５万5000円と決めてもらいました。課税事業者なら「報酬５万円＋消費税5000円」と読めば良いし、免税事業者なら「報酬５万5000円」と読めば良いわけです。

2022/11/04

2022年11月 6 日～11月12日

実務に役立つビビッドな話題 **遺言書が包括遺贈なのか、特定遺贈なのか**

テーマ　相続人が存在しない相続税申告で、遺言書で親族が財産を取得する。それが包括遺贈なら債務控除が可能だが、遺言書の文言から包括遺贈か、特定遺贈かを判定するのが難しい。「金融資産を換価して債務を弁済し、土地は各２分の１の割合で遺贈する」という内容の遺言です。

● 包括遺贈ではなくても、負担付遺贈なので債務控除は可能です。

● そもそも特定遺贈か、包括遺贈かの判定は困難な事案が多い。「特定遺贈」「包括遺贈」と書けば良いが、遺贈と書かれるとどちらなのか。相続してくれとか、貰ってくれると嬉しいとか。

● 包括遺贈は、債務も承継するので、債務を承継させる意思がある場合に限る。何しろ、３ヶ月内の相続放棄手続が必要です。しかし、その議論は民法上の争いがある場合に限ります。

● 税法上は、受遺者が包括遺贈と考えれば包括遺贈で、特定遺贈と考えれば特定遺贈。現実に債務を弁済し、葬儀費用を負担している場合に、税務署が違うなんて言うはずがない。

● この辺りの議論をするときに前提にすべきが、それが民法の問題なのか、税法の問題なのか、不動産登記の問題なのか。民法の問題なら主人公は債権者です。税法の問題なら、相続財産の全額が申告される処理であれば、相続人間の財産の入り繰りを贈与とは認定しません。登記の問題だと、所有権移転の経過を忠実に登記簿に反映する必要がある。

● 登記については２つの先例を見つけました。１つが「相続人がABCの３人であるところ、『ABに自己の全財産を相続させる。但し、分割の方法についてはA・Bの協議にて決定すること』という遺言書と、A・Bによる遺産分割協議書を添付してA・B名義に相続登記をすることが可能」かという問いに「御意見のとおり」という答えが紹介されています。しかし、「共同相続人が数名存するときに、特定不動産を『長男A及び次男Bに各２分の１の持分により相続させる』旨の遺言がなされましたが、この持分と異なる遺産分割協議（A持分３分の１、B持分３分の２）をA及びBにおいて行った後、右遺言書とともに、この遺産分割協議書を添付して、A 持分 3 分の 1、B 持分 3 分の 2 とする相続登記の申請」について、これは「できない」とするのが登記先例です。

● 不動産取得税について注意が必要です。相続人以外の者への特定遺贈は不動産取得税が課税されますが、これが包括遺贈なら課税されません。こちらは形式判断なので遺言書の文言が重要です。

2022/11/07

実務に役立つビビッドな話題 **遺産分割段階で実行する受益者連続信託と遺留分侵害額の請求**

テーマ 第 1 次相続が開始した時点で、第 1 次相続に加えて第 2 次相続の遺産分割も合意してしまう。その方法として受益者連続信託を利用してみる。つまり、第 1 次相続の遺産分割の段階で、「A 社の株式については長男を受託者とする受益者連続信託を設定し、第 1 受益者を母、第 2 受益者を長男とする」。この方法なら配偶者の税額軽減が利用できて、遺留分対策にもなる。

● 父親が、受益者連続信託を設定し、母の生存中の受益者を母、その次の受益者を長男にする。そのような信託と何が違うのか。

● その信託の処理を、第 1 次相続の前にではなく、第 1 次相続の遺産分割の時点で行う。それが認められるのか。つまり、第 1 次相続の遺産分割として受益者連続信託を設定し、第 1 受益者を母、第 2 受益者を長男にする。

● 実際に実行する場合は前例が必要ですが、信託法については、まだ、2 つの判例しか登場していない。「受益者連続信託」「遺産分割時点での信託の設定」「遺留分侵害額の請求」という 3 つの例外処理を実行するのには勇気が必要です。今回の設例は教科書事例として紹介します。

2022/11/09

実務に役立つビビッドな話題 **株式の譲渡承認が得られていない段階での配当の支払い**

テーマ 譲渡制限付株式を譲り受けたものの、会社からは名義書換を拒

否されて訴訟中の法人株主（B社）がいる。配当は株主名簿に記載された株主（A社）に支払われ、会社からはA社に対し源泉徴収後の金額が送金されている。その場合にB社は、その金額を、自社が受け取る配当金として益金不算入規定の適用を受けることが可能か。

● 配当にかかる所得税額控除の取り扱いについて法人税基本通達16－2－1は、譲渡人Aについて「株主等たる地位に基づいて受けたものではない」という理由で、所得税額の控除の適用はないと解説しています。この解説から考えれば、譲受人Bの配当所得と考えるのだと思います。

● 「名義人受領の配当所得の調書」というものがあるので、譲渡人Aに、この調書を提出してもらえば良いと思います。「業務に関連して他人のために名義人として配当等の支払を受ける者」が提出義務者です。

● 失念株の配当について実務は確定しています。平成6年2月23日裁決で、①株式を取得した実質上の株主であるから、当然に株主たる地位に基づいて利益の配当を享受できる権利者であり、②配当支払決議があった日に配当を得る権利が確定し、仮に、③株式の名義人に対する配当金の返還請求を行っていないとしても配当請求権の存否には影響を与えないと判断しています。

● 会社法137条は、株式取得者からの譲渡承認の請求を認めているので、会社法も、税法も、譲渡承認を得る前の真実の株主が譲受人Bであることに争いがないと思います。

● 譲渡承認がなくても株式の譲渡が有効なら相続税対策の株式分散にも利用できます。同族株主が10％の株式を所有する場合に、それを2人の相続人に5％ずつ相続させると原則評価になってしまう。その対策として生前に2％の株式を第三者に譲渡して、相続人は各々4％の株式を相続する。その方法で、相続人の各人が有する「その者の株式取得後の議決権の数がその会社の議決権総数の5％未満であるもの」にしてしまう（財産評価基本通達188⑵）。しかし、会社から譲渡承認が得られない。その場合でも2％の株式の譲渡は有効。そのような結論になりますね。

2022/11/09

実務に役立つビビッドな話題　**少数株主からの自己株式の買い取りと相続税法９条**

テーマ　少数株主が発行会社に配当還元価額で持株を譲渡した場合について次のような解説がある（税務通信3727号）。つまり、少数株主が発行会社に配当還元価額で譲渡した場合でも、みなし譲渡及び他の支配株主へのみなし贈与は生じないという解説だが、これは正しいのか。

● 正しいと思います。ただ、根拠の説明が必要で、それが相続税法基本通達９－２と９－４の場合分けです。仮に、原則評価100万円の株式を、配当還元価額の５万円で自己株式として買い受けた場合に他の株主に相続税法９条が適用されるのか否か。

● ９－２は租税回避の防止にあり、９－４は親族間の価値の移動の防止にある。租税回避事例、あるいは親族からの自己株式の取得でない限り、相続税法９条は発動しない。それが９－２と９－４の読み方です。

相続税法基本通達９－２	相続税法基本通達９－４
同族会社の株式の価額が……増加したときに……増加した部分に相当する金額を……贈与によって取得したものとして取り扱うものとする。	同族会社が新株の……一部が……株主の親族等に与えられ……たときは、……親族等が、……株主から贈与によって取得したものとして取り扱うものとする。
租税回避の防止	親族間の株式価値の移動

● 従業員株主から配当還元価額で自己株式を買い受けても、支配株主に対して相続税法９条が適用されることはない。しかし、同族株主から原則評価を下回る価額で自己株式を買い受ければ他の同族株主に９－４が適用される。

● 実務の現場では、課税庁職員が相続税法9条の適用を考えることは、ほとんど想定されないとも聞いています。相続税法9条のような「対価を支払わないで、又は著しく低い価額の対価で利益を受けた場合」という課税要件の限定がない包括規定による課税が許されたら租税法律主義が泣きます。税理士を萎縮させ、自己規制をさせる。それが相続税法9条の存在価値です。

2022/11/12

実務に役立つビビッドな話題 **相続土地国庫帰属制度という物納制度**

テーマ 相続した土地を国に引き取って貰う。その制度の内容が明らかになってきましたが、これは物納と同じですね。

● 物納なら価値ある財産として引き取って貰えますが、今回の制度は持参金（管理費相当額の負担金）を納めるマイナス財産の物納。仮に1000平方メートルの山林だと負担金が26万1000円。放棄したいと思うぐらいの山林なら固定資産税は1000円もしない。この制度を利用する者が登場するのだろうか。

● 条件も厳しいですね。①建物の解体、②担保権の抹消登記、③境界確認、④土壌汚染の場合はダメ、⑤庭木やがれきなどの撤去、⑥勾配30度以上で高さ5メートル以上の崖がある場合はダメ。

● 放棄したい理由の一番は近隣の住民からの苦情です。雑草が生い茂り周りの迷惑になる農地。近隣が住宅地で枯葉で迷惑をかけている山林、土砂崩れの危険があり下流の家屋に被害を与えるかもしれない山林などなど。この制度が施行された場合の最大のネックは境界線の問題だと思います。

● 普通の人たちには意味が分からないと思いますが、税理士業界では、これは物納マニュアルと同じです。マンションを放置すると管理料が追いかけてくるのでマンションは引き取って貰えない。

● 放置された土地は更地で良いとして、放置されたマンションの区分所有部分は大変です。越後湯沢の区分所有マンションや、寂れた温泉地の廃業したホテル。どうするのだろうと心配になります。

● 国も管理費用がかかり、有効利用できない資産は引き取れない。

価値ある土地なら国に引き取って貰わなくても市場で売れます。無償なら隣地に引き取って貰えるはず。法律を作っても、それで経済原則が変えられるわけではない。国が引き取る土地は極めて限定されたものになると思います。

2022/11/12

2022年11月13日～11月19日

実務に役立つビビッドな話題　**不良債権を有する会社の純資産評価額**

テーマ　相続税申告で同族会社株式の評価をしているが、会社の資産の中に子会社への貸付金がある。子会社は休眠状態で貸付金の回収可能性はゼロ。その場合も貸付金は額面で資産計上する必要があるのか。

● 被相続人が同族会社に貸付金債権を有している場合の処理と同じです。相続税の申告期限までに会社を解散し、借方の資産を処分して回収不能額を確定すれば、その事実を取り込んだ資産評価が認められます。つまり、相続税の期限までに子会社を清算して回収不能額を確定してしまえばOKでしょう。

● 相続税の申告期限後に債務超過の子会社が解散となり、更正の請求をしたのですが、認められませんでした。相続税の申告期限内に解散すれば、貸付金計上をしない申告でも容認されただろうと思います。

2022/11/14

実務に役立つビビッドな話題　**持分会社の純資産の部の考え方と利益の配当**

テーマ　持分会社の純資産の部は出資者毎のパススルー（紐付きの管理）と考えてよいのか。

● 一般的には、株式会社と同様に出資額に応じての純資産の割合持分と理解されていますが、株式会社と持分会社は基本的に出資構造が異なります。

● 資本金と違って、出資には1株当たりの概念がない。つまり、3000万円を出資すればAの持分は3000万円。そして出資の払い戻しを認めるので、仮に1000万円の払い戻しを受ければAの持分は2000万円（会社法624条）。

	Aの出資金　3000万円
	Bの出資金　3000万円
	利益剰余金　5000万円

● 出資の払い戻しについて、①留保利益5000万円を出資額に按分す

るのではなく、②出資額1000万円のみの払い戻しになる。もし、留保利益が出資額按分だとしたら、払い戻しを受けて出資金が減額になる出資者への配当を同時に行わないと不利益です。しかし、会社法にはその手配がないので、利益も出資者毎の個別管理です。

● 利益の配当は定款自治で、株主総会決議のような一律配当の決まりもない。会社法622条に定める利益の配分が2人の出資者について均等の場合に、内部留保5000万円から、出資者Bが1000万円の利益の配当を受ければ、出資者Bの内部留保は1500万円で、出資者Aの内部留保は2500万円になる。つまり、出資者毎の個別管理です。

● 財産評価基本通達194は「持分会社の出資の評価」として、同通達178の「取引相場のない株式の評価上の区分」を流用するので、出資額按分の計算になるが、これは会社法の理解には反しているのだと思う。

2022/11/15

実務に役立つビビッドな話題 **登記官が代襲相続の意味を勘違いした事例**

テーマ 「登記所の誤判断により誤りのある法定相続情報一覧図の写しが交付されたことに起因して相続税が無申告となった相続人につき、無申告加算税の賦課決定処分が取り消された事例」が紹介されています（税務通信3728号）。登記所は何を勘違いしたのですか。

● 相続関係は次の通りです。Xの出生後にYとCが養子縁組をした。そしてCの死亡（第1次相続）後に、Yが死亡（第2次相続）し、第2次相続についてXがYの代襲相続人になるか否かが問われた。

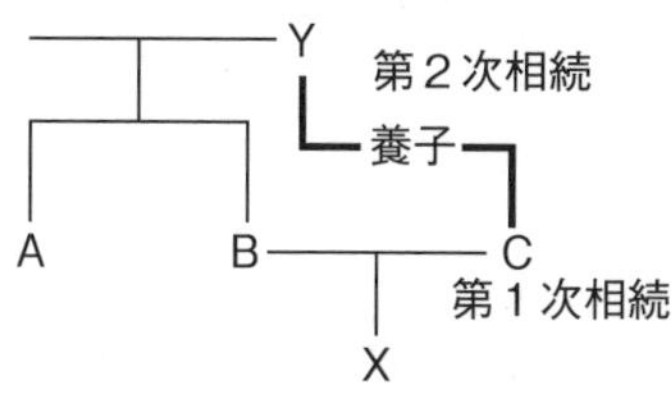

- Ｘは Ｂを通じてＹの直系卑属なので代襲相続人（民法887条）ですが、登記所はＣを通じて直系卑属でなければ代襲相続人にならないと勘違いして法定相続情報一覧図を作成した。その法定相続情報一覧図に従ってＸは相続税を申告しなかった。
- その後、どのような経過か、法定相続情報一覧図の間違いが指摘され、Ｘは期限後申告を行った。未分割の相続税の申告だったのか、遺産分割が無効になったのか。原処分庁はＸに対して無申告加算税の賦課決定処分を行った。その加算税が取り消されたのが本件裁決（令和４年６月16日裁決）です。
- なぜ、加算税が課税されたのか。税務署段階で、なぜ、加算税が取り消されず、国税不服審判所にまで行く必要があったのか。役所の硬直性を示す一例ですが、それ以上に参考になるのが養子と代襲相続の関係。養子縁組の前に産まれた子でも、被相続人の直系卑属の関係にある者は代襲相続人になると理解しておくべきです。

2022/11/15

実務に役立つビビッドな話題 **同族会社の借地権を無視した遺言書の解釈事案**

テーマ　相続財産は土地持分で、その土地は期間を30年として同族会社に賃貸され、同族会社は借地の上に賃貸用マンションを所有していた。その土地持分を「Ｙに相続させ、その負担として他の相続人に金銭を支払う」という公正証書遺言が作成されていた。問われたのは、①相続させる遺言に「負担付遺贈を受けた者は、遺贈の目的の価額を超えない限度においてのみ、負担した義務を履行する責任を負う」という民法1002条が適用されるのか、②適用される場合の相続財産の評価額は同族会社の借地権を考慮した底地価額なのか否か。

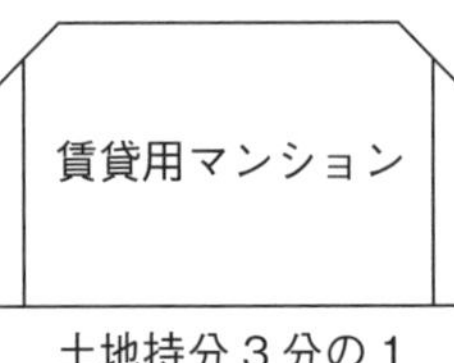

● 大阪地裁令和３年９月29日判決（判例時報2530号）は、特定の土地に限定した相続させる遺言にも負担付遺贈に関する1002条が適用されて、「遺贈の目的の価額を超えない限度においてのみ、負担した義務を履行する責任を負う」と判断しました。問題になったのは、遺贈財産が底地価額として評価されるか、更地価額として評価されるのか。

● 裁判所は借地権の負担を控除しない更地価額を採用したのですが、その理由部分は次です。「被告Ｙが代表取締役を務め、被告の配偶者及び子が取締役を務めている上、同族会社の株式については、被告が160株、遺言者が20株、被告の配偶者が200株を保有していたのであるから、亡Ａにおいて、同族会社は被告の会社と認識し、その借地権に係る利益も最終的には被告に帰属すると考えて、本件負担を検討する際に同族会社の借地権の負担を考慮の対象外としていたと解することには合理的な理由があったというべきである」と判断して、本件土地について、借地権を考慮しない更地価額とすることが相続人の公平が図られ、それが遺言者の合理的な意思に沿うと判示しました。

● 負担付遺贈について民法1002条１項を適用する場合に「遺贈の目的の価額」の評価について同族会社の借地権を無視する。この理屈は遺留分侵害額の請求でも採用される可能性があります。相続対策を実行する場合の参考事例として紹介します。

2022/11/15

実務に役立つビビッドな話題 **信託内借入と債務控除**

テーマ　信託不動産が２億円で、信託内借入１億円。その場合に委託者（受益者）が死亡して信託が終了すると債務控除が認められないと聞いた。相続税法第９条の２第４項（信託の終了）は、「当該信託の信託財産に属する資産及び負債を取得し、又は承継したものとみなす」と定めた同条６項を除外している。信託内借入の１億円の債務控除は不可なのか。

● 会社法が上場会社のトヨタ自動車を想定するように、信託法は多数の受益者を想定します。信託銀行が売り出す信託受益権商品ですが、投資家に債務を押しつけることはできません。そもそも受益者は債務について弁済の責任を負いません。だから信託終了時の処理（同条４項）は、債務の承継についての同条６項を除外しているのです。

● 会社の解散と同じです。会社法502条は「債務を弁済した後でなければ、その財産を株主に分配することができない」と定めています。信託法181条も「債務を弁済した後」でなければ残余財産受益者等に給付することができないとしています。つまり、債務は清算されることを前提にして、受益者が債務を引き受けることは想定していません。

● ハウスメーカーの信託の提案に同席しました。信託勘定による借入について、「自己借入と同様に負のみなし相続財産として債務控除可能。但し、信託財産の範囲に限られる可能性あり」と記載されていました。信託の前例は少なく、ハウスメーカーも及び腰なのだと思います。

● 私的な信託で、受益者が債務を承継することを定めたら、信託法が、それを禁止する理由はありません。債権者との関係について信託法は公法的な側面がありますが、当事者の関係で契約自由です。私が作成した信託契約には次のように記載しています。

第13条（帰属権利者への残余信託財産等の引渡し）

本信託が終了した場合は信託終了時の資産及び負債を受益者に現状有姿で給付する。

2　本信託が終了した場合でも信託財産の清算（信託法175条）は行わず、信託財産に属する資産及び負債を現状有姿の状態で帰属権利者に給付する。

――――― 今回の議論後に登場した質疑応答事例 ―――――

● 質疑応答事例に新しく追加された「信託が終了し帰属権利者が残余財産を相続又は遺贈により取得したものとみなされた場合の取得費」で解決されました。帰属権利者は、「被相続人甲から本件土地を相続又は遺贈により取得したものとして、その取得の時期及び取得費について所得税法第60条第１項第１号の規定が適用されます」と解説しています。

● 信託財産を清算せず、信託財産の取得価額を承継するのであれば、信託内の債務も承継することは当然です。

2022/11/17

実務に役立つビビッドな話題 **貸家建付地評価の土地が相続された場合**

テーマ サブリースをしていたアパートとその敷地を所有していた母が死亡し、娘が建物を、息子が土地を相続した。土地が使用貸借だとしても、サブリース契約が継続している限りは、息子が死亡したときの土地の評価は貸家建付地なのか。

● 土地と建物を同一人が所有している状態で建物を賃貸した場合は、その土地は貸家建付地評価です。所有者の都合で建物と土地が別人に属することになっても土地の評価は貸家建付地でしょう。

● 貸家建付地評価は借家人の土地に対する使用権限を根拠にします。借家人が変わらない限り土地の所有者を取得した者に対して綿々と続きます。借家契約を結んだときに借家人に発生した使用権限を、借家人を当事者にしない契約で取り上げることは不可能です。土地は貸家建付地評価です。

● 通達そのものでは明らかではありませんが、使用貸借通達３の取扱いを解説した『令和２年11月改訂版相続税法基本通達逐条解説』でも、土地の所有者に異動があったとしても、それ以前に有していた建物賃借人の敷地利用権の権能には変動がないと解するのが相当と解説しています。もちろん、借家人が入れ替わり、次の借家人が登場した段階で土地が使用貸借の関係になっていれば、借家人の土地に対する使用権限は、土地の評価減の対象にはなりません。

2022/11/17

実務に役立つビビッドな話題 **会社から監査役になって欲しいと依頼された**

テーマ 顧問先から監査役になって欲しいと依頼された。他社からの出資を受けるについて会社法の体裁を整える必要が生じたためだ。

- その会社の監査役をやっていることがステータスになる上場会社の監査役や、公益団体の監査役なら考えるとしても、税理士の肩書きを箔付けにするような会社の監査役になっても意味はない。
- やりたくなければ断り方の問題でしょう。税理士として顧問料を貰う者が監査役をするというのは問題があると説明するか。「業界の掟」「親の言いつけ」とか。わが身を思えば40代はお声が掛かればなんでもやってみたかった。還暦を過ぎると気になることはなるべく減らしたい。
- 税理士は会社の業務執行側なので、監査役になるのはマズイというお達しがあったように思います。そういう理由をつけて断ってはどうでしょうか。顧問税理士は会社側に立って一緒に決算書を作成する立場です。
- 会計限定の監査役だった公認会計士が会社から訴えられた訴訟事件がある。昭和42年から平成24年まで税務顧問を兼ねる会計限定の監査役だった。ところが会社の経理担当職員は平成19年２月から平成28年７月までの10年近くにわたり銀行預金から２億円以上を横領していた。これは監査役の責任だと１億1100万円の損害賠償を求められた。
- 地裁、高裁、最高裁と常に逆転した判決が出た事案ですね。最高裁令和３年７月19日判決（日本経済新聞　同月20日）は、高裁判決を破棄して原審に差し戻した。「監査役は会計帳簿の内容が正確であることを当然の前提として監査してよいものではない」と指摘。「帳簿が信頼性を欠くことが明らかでなくても、帳簿の作成状況の報告を取締役に求めたり基礎資料を確かめたりすべき場合がある」と判示した。
- 税理士は当事者にならないことです。税理士の立場なら会社側の処理を信頼すれば良い。しかし、監査役だと会社と経理担当者を疑わなければならない。危ない処理でも節税になる方向が選択できるが、監査役だと自身の保全を図る必要がある。税理士が監査役になったら役に立たない税理士になってしまうと説明して断ります。

2022/11/18

2022年11月20日〜11月26日

実務に役立つビビッドな話題　**3人が別々に所有する土地に堅固な建物がある場合の土地の評価**

テーマ　3筆に分かれた長方形の土地に図書館が建っており、3筆の土地はA、B、Cの3人の各々が所有しています。Aが所有する土地の財産評価をする場合は、①1画地として全体で評価して面積で按分するのか、②Aの所有する土地だけを単独で評価するのか。

● 共同ビルが建築されている事案について、全体を1区画として評価して面積按分する。そのような事案があったと思います。

● 国税庁の質疑応答事例の財産評価宅地の評価単位で「共同ビルの敷地」を解説しています。「共同ビルの敷地のように個々の宅地が他の筆の宅地と一体となって利用されているのであれば、他の筆の宅地をも併せた、利用の単位となっている1画地の宅地の価額を評価した上で、個々の宅地を評価するのが合理的です」と解説しています。

● その場合は2つの按分方法を認めています。1画地で評価した全体の評価額を、①個々の土地の評価額で按分する方法と、②個々の土地の面積で按分する方法です。しかし、①の方法を採用して実際に計算すると、一部の土地の価額は路線価より高額な単価になってしまいます。その場合は②の計算方法を採用することも認めます。

● 1画地の土地として評価するのはビルが地権者の共有の場合です。建物を一体として持分について権利を持つ。だから土地も一体として評価する。しかし、建物が第三者に単独所有される場合なら敷地は個別評価でしょう。請求できる地代も、自身が所有する土地の時価に比例するはずです。

2022/11/22

実務に役立つビビッドな話題　**遺留分を放棄させたいという相談**

テーマ　自分の相続について「子どもたちの遺留分を放棄させたい」と相談された。もちろん、被相続人の意思だけで遺留分を放棄させることは不可能です。

● 遺留分の放棄は、本人が家庭裁判所に申し立てて許可を得ることが必要です（民法1049条）。そのためには遺留分放棄をする理由、つまり、生前に充分な贈与を受けているという事実の説明が必要です。この場合に忘れてはならないのは遺言書の作成です。遺言書が存在することで初めて登場するのが遺留分です。遺言書がなければ遺産分割になってしまいます。

● 「生前の充分な贈与」だが、子どもたちが金銭的に困っているときに金銭的な援助をした。そのような総論的な理由ではダメで、具体的な贈与の事実を拾い出さないと無理だと思います。

● 昔は家庭裁判所に呼び出されて裁判官の面接を受けましたが、最近は、遺留分権利者への書面の照会で手続は進むようです。もちろん、放棄の理由に正当性がある場合に限り、さらに正当な理由は財産額と内容によって異なりますが、常に、遺留分相当を生前贈与する必要があるというものでもないようです。

● 事業承継をスムーズに進めるという目的や、借金を肩代わりさせられた放蕩息子を排除するための遺留分放棄は経験しましたが、それ以外で「お前は信用できないから遺留分を放棄させておく」ということを息子に語れる親子関係は不思議な存在です。「全ての財産を妻に」という遺言に遺留分を行使する子も不思議な存在です。

● 相談されたら、プロの立場としては、完璧な遺留分対策を考えますが、完璧であればあるほど、親への感謝は薄くなります。相談された者の責任と、疑心暗鬼が作り出す家庭の不和と、その家族の関係などを理解する必要がありますが、そのような場面を見ることも税理士業の楽しみです。

2022/11/22

実務に役立つビビッドな話題 **消費税を顧客に転嫁できる法律上の根拠はない**

テーマ　消費税は顧客が負担する。課税事業者は消費税を顧客に転嫁することができる。これが政府の説明ですが、消費税を顧客に転嫁する根拠はない。それを宣言している判決を見つけました。

● 大阪地裁平成31年１月25日判決です。「消費税法は、本件業務委託契約における取引について、原告（事業者）らが消費税の納税義務を負うことのみを定めており、原告らが同法に基づいて消費者である被告に対して消費税相当額を請求する権利については、何ら定めていない」と宣言しています。

- 「消費者が事業者に対して、消費税分を上乗せして支払うことがあるとしても」、それは「事業者の預かり分であるというものではなく、あくまで商品や役務の提供に対する対価の一部としての性格しか有しない」と判示しています。つまり、消費税を加えた110円の売値は値付けの問題だという説明です。
- 税制改革法が「消費税を円滑かつ適正に転嫁するものとすると定めている」ことについても、「抽象的に、消費税相当額が消費者に適正に転嫁されるべきことを規定しているにすぎず」「事業者が、相手方に対して、消費税の転嫁を請求する権利を有することを予定したものとはいえない」と事業者の消費税相当の請求権を否定しています。
- 消費税の円滑かつ適正な転嫁の確保のための消費税の転嫁を阻害する行為の是正等に関する特別措置法も、「消費税の基本的性格が変容したものではないから、新たに事業者に消費税の転嫁を請求する権利が認められるようになったと解することもできない」と判示し、「よって、原告らは、被告に対し、消費税法に基づいて消費税相当額分の金銭を請求することはできない」と結論付けています。
- 「消費税は、価格の一部を形成するにとどまり」と、要するに、値付けの問題です。消費税相当として10%をONしても、20%をONしても、それは値付けの問題だから自由に契約できる。
- 消費税の導入時に国税側の立案担当者を講師としてレクチャーして貰ったときも、「そうしたら、消費税は値付けの問題なのですか」と問うたら、そうだという答え。それが平成31年1月25日判決で再確認されたのであって、消費税は顧客が負担すると勘違いしているのは税理士だけです。
- 消費税は、要するに、課税売上を課税標準とした第2事業税。それを明言してしまえば免税事業者などの面倒な議論は消滅し、個人事業税の事業主控除と同様の課税最低限を設けたら良いだけのことです。

2022/11/24

2022年11月27日～12月 3 日

実務に役立つビビッドな話題　**税理士法人の給与、有資格者の給与**

テーマ　税理士法人について次のような給与事例をネットで見かけた。500万円、200万円、300万円、420万円、450万円、320万円。これが無資格者の年収の相場か。

- 税理士の有資格者の場合は、仮に、30歳という前提だと、東京の大規模法人は600万円、大阪の大規模法人は500万円、地方の街の個人事務所は400万円。
- 就職する場合を、事務職、営業職、クリエイティブ職と分ければ、税理士事務所は事務職に位置づけられる。１人が作り出す付加価値には限度があって、１人に支払える給料には限度がある。その限度を引き上げる努力をするとして、いや、努力をしなければ時代に遅れてしまうが、それにしても限度があるのが１人が作り出す付加価値。税理士は、独立して、自分で顧客を手に入れて成り立つ職業だと思う。
- 地方と東京では異なるが、しかし、この給料では東京で生活ができない。女房が働いても子供２人は育てられない。住宅ローンを負担するなんて夢の夢。働き方改革で女性にも男性並みの給与の支払いが必要になり、男性にも普通の企業並みの給与の支払いが必要になった。さて、その水準がいくらなのか。
- 地方と東京の給与の差は年収100万円です。転職サイトに紹介された東京都庁と鹿児島県庁の平均給与の差は558万円と475万円。税理士事務所の給料も東京基準と地方基準があります。それと男女の働き方格差と給与格差が色濃く残っているのが地方です。
- 税理士事務所の求人に困るという意見があるが、税理士業界の低賃金体質も原因のように思います。税理士報酬は、昭和の時代から増額されていませんが、職員の給与の昇級も遅れている。日本経済の実態と同様です。税理士試験の受験生を雇用し、家庭の主婦を雇用していた昭和年代の税理士事務所モデルが、税理士試験の受験生が激減した時代にも続いている。それが、いま、税理士事務所が求人に苦労している理由ですね。いや、それにしても東京と地方では事情が異なります。

2022/11/28

実務に役立つビビッドな話題　**相続開始時点で売買契約中であった不動産に係る相続税の課税**

テーマ　国税庁の質疑応答事例が更新された。「相続開始時点で売買契約中であった不動産に係る相続税の課税」が新規掲載されているが、これは国税庁資産税課情報第１号（平成３年１月11日）と同じ内容と考えてよいのか。

● 同じ内容です。売買契約中に売主に相続が開始した場合には「売買契約に基づく相続開始時における残代金請求権（未収入金）」になり、買主に相続が開始した場合には「売買契約に係る土地等又は建物等の引渡請求権等」を相続財産として、残代金債務を相続債務にする。

● 買主に相続が開始した場合に「土地等又は建物等を相続財産とする申告」も許されると説明するところも国税庁資産税課情報第１号と同様です。つまり、買主については路線価評価と建物の固定資産税評価額を認めるわけです。

● 買主にとっての売買契約上の権利は、結局は土地にしかなり得ない財産。だから土地（路線価）による評価を認める。つまり、相続直前に購入した土地や建物でも路線価と建物の固定資産税評価額を認める。相続直前に取得した不動産について財産評価基本通達６項の適用を過度に恐れる必要はない。

● 国税庁資産税課情報第１号には「上記の取扱いによる課税処分が訴訟事件となり、その審理の段階で引渡し前の相続財産が『土地等』であるとして争われる場合には、相続財産が『土地等』であるとしてもその価額が当該売買価額で評価すべきである旨を主張する事例もあることに留意する」と脅かしていましたが、この脅し文言は消えました。

● さらに、所得税について次の違いが生じることに注意を要します。

	被相続人を売主とした場合	相続人を売主とした場合
譲渡所得	準確定申告	相続税の取得費加算
	地方税の課税がない	

相続税	所得税相当額の債務控除	

2022/11/28

実務に役立つビビッドな話題　**住宅ローン控除でミスをした税理士の事例**

テーマ　住宅ローン控除の適用を受けられなかったことを税理士のミスとして235万円の損害賠償請求を認めた事例（東京地裁令和４年５月16日判決　T & Amaster　No.956）が紹介されていた。判決原本を読むのではなく、紹介記事からの感想だが、この判決には事案を超えたドラマがある。

● 弁護士である原告が新居の購入について、税理士に住宅ローン控除の適用の相談をして、税理士から所得税の修正申告によって住宅ローン控除の適用が受けられると助言を得た。しかし、修正申告が認められず、住宅ローン控除も認められなかったことから、ローン控除額相当を損害として税理士に請求した。

● 3000万円の特別控除の適用を受けた適用年とその翌年に新居の引き渡しを受けると住宅ローン控除の適用は受けられない。しかし、譲渡所得について「引き渡し日基準」を「契約締結日基準」に入れ替えることで平成30年分の所得を平成29年分の所得に入れ替える。そうすれば住宅ローン控除の２年以内要件（改正法は３年）が免れられる。

● しかし、税務署は、引き渡し日基準の申告は、法律に沿った正しい申告であることを理由に平成30年度の所得税の更正の請求と、平成29年度の所得税についての修正申告書の提出による課税年度の変更を認めなかった。引き渡し日基準を採用した平成30年の所得税に計算誤り（国税通則法23条１項）が存在しないのだから、更正の請求が認められないのは当然です。

● この事件のキモは次の３つです。①更正の請求と修正申告書の提出というテクニックを利用して住宅ローン控除の要件を整えようとした知恵に溺れる形の節税手法の間違い。税理士報酬は３万円です。②税理士が訴訟提起後に死亡して、損害賠償請求は相続人である配偶者及び子（被告）に対し行われているという税理士業の悲劇。③税理士資格が自動的に与えられる弁護士に対する税務のアドバイスでも、税理士の責任が認められるという矛盾。

● ③については弁護士の２割の過失相殺を認定して235万3289円の法定相続分（２分の１）に当たる117万6640円の請求です。もう１人の相続人である母親は任意に支払ったのだろうか。

● 税務処理のミスであり、当事者にとっては名誉の問題。それを税務雑誌の解説から想像して勝手に分析するのは不遜ですから、あくまでも仮説の設例として読んでも人生はドラマだと思うのが税務処理のミスです。

2022/11/29

実務に役立つビビッドな話題

従業員である後継者に持株を３年に分けて譲渡する方法

テーマ　発行済株式は900株だが、これを今年300株、来年300株、再来年300株と３度に分けて後継者（従業員）に譲渡する。この場合の従業員にとっての税務上の評価額は、１年目は配当還元価額で、２年目と３年目は原則的評価額になるのか。

● 一度に100％の株式を譲渡すればＭ＆Ａ価額のように思います。つまり、Ｍ＆Ａを担当する弁護士が利用しているDCFの計算です。株価の評価ではなく、企業の評価と位置づけますが、しかし、課税庁が、身近な当事者である従業員への譲渡にＭ＆Ａ価額を認めるか否かは不明です。

● 当事者が合意したＭ＆Ａ価額を課税庁が認める保証がない。従業員への贈与税課税の可能性を極小化するためには分散して譲渡しようと思う。

● 連年贈与の理屈が持ち出されたら１年目もダメだと思います。３年目になっても更正処分の除斥期間内なのでリスクが大きい。33％と３度に分ける作為的な取引が節税意図を証明している。配当還元価額は例外的な評価と位置づけられている。そして売主の気が変わらずに２年目、３年目と贈与が実行された実績がある。

- 『実務に役立つクールな話題（ナンバー２に会社を譲渡した一事例)』で論じた「まず、49％の株式を配当還元価額で現社長に譲渡し、その数年後に４％の株式を会社に原則評価で譲渡する」方法でしょう。残りの47％は、さらに時間をおいてから買い取る。
- 当事者が履行の確実性を求めるのなら、残りの47％は取得条項付株式と取得請求権付株式に定款変更しておく。つまり、会社からも、株主からも買い取れる合意をしておき、配当還元価額を取得価額と定めておく。そのような面倒な処理をするか、当事者の信頼関係に任せるか、それは当事者の人生です。

2022/12/02

実務に役立つビビッドな話題

出資の３ヶ月後に出資持ち分（株式）を贈与する場合の評価額

テーマ　社長の父親が、会社の応援ということで出資してくれた。しかし、出資の３ヶ月後には、将来の相続で揉めると嫌なので、出資持ち分を社長に贈与すると言いだした。贈与税の計算は通常の株価評価で良いか。

- 増資時から３年が経っているならば株価を算定して贈与税額を算出する。しかし、出資して３ヶ月で贈与したのなら出資額そのもので贈与税額を算出するでしょう。
- 居宅を5000万円で購入して３ヶ月で贈与した。財産評価基本通達の評価額は2000万円。しかし、2000万円の贈与を認めてくれるとは思えない。
- いや、居宅を買って３ヶ月後に死亡した。その場合の評価額は固定資産税評価と路線価です。つまり、贈与する財産が現金から不動産に変質しているのです。では、贈与する意思を持って居宅を取得し、取得後３ヶ月後に贈与したらいかがか。その場合も贈与されたのは居宅でしょう。
- 贈与されたのは居宅。問題は評価方法だ。路線価や建物の固定資産税評価を認めない。
- いや、路線価評価を否認し、固定資産税評価額を否認する理由がない。もし、路線価を否認するとしたら３ヶ月内の取得に限るのか、１年以内取得を含むのか。その判定基準が必要になってしまう。これが６項事件についての位置づけの問題です。①節税になってしまう場合は否認するのか、②節税以外の理由が説明できない場合に限って否認するのか。私は②だと思うのです。

● では、現金を居宅に変えてから贈与したら節税か。節税になりますが、しかし、節税以外の目的があります。息子夫婦に居宅を提供し、住まって貰うという正当な目的です。納税者が節税になる方法を選択することが禁止されるはずはない。それが否認されたら、息子は、家を処分して贈与税を納めなければならない。居住目的はなく、節税のためだけに居宅を購入した場合とは事情が異なります。

● なるほど。節税以外の必要性がある行為なら是認されるが、それが節税目的としか見えない取引は否認される。名目的な財産でしかない出費は否認のリスクが大きい。

2022/12/02

実務に役立つビビッドな話題

無償返還届が提出されている場合の同族会社株式の評価

テーマ　**会社が、100％株主である社長から土地を賃借して店舗ビルを建てている。後継者対策として株式を長男に贈与する場合には「無償返還の届出書」を提出している場合でも、株価計算について、純資産価額に借地権相当として20％を加算する必要がある。平成27年３月25日裁決を受けた「税のしるべ　平成27年４月６日」に掲載された解説だ。**

● 「相当の地代を支払つている場合等の借地権等についての相続税及び贈与税の取扱いについて（昭60課資２－58）」ですね。「被相続人が同族関係者となつている同族会社に対し土地を貸し付けている場合」には純資産価額に土地評価額の20％を加算する。

● 20％は借地権価額ではなく、使用制限を理由とした更地価額の20％減額の見返りの20％加算です。つまり、土地を減額するのだから、会社の資産（借地権）に加算する。しかし、株式の贈与の場面では減額のない加算だけになってしまう。そこに将来に土地を相続する可能性という理屈を持ち出すのなら、相続時点の土地の評価について「将来の可能性として一体化することが想定される場合は20％減額を行わない」という理屈にする方が整合的と思えます。

- 土地と建物を父親が所有し、建物が会社に賃貸されている場合は貸家評価減と貸家建付地評価減が可能です。しかし、土地を賃貸する場合は、無償返還届を提出しても、借地人側に20％の加算が行われる。土地を貸すよりも、建物を貸した方が有利になってしまう。
- 裁決になる事案は、多様な背景事情があって、特殊な案件なのですが、その判断を一般化して通達を超えた課税処分が行われるのは不合理です。通達が改正されないことを考えれば、これは納税者を萎縮させるための手法。現実には株式の贈与に20％分の加算を行わなくても課税は行われていないと思う。

2022/12/02

2022年12月 4 日～12月10日

実務に役立つビビッドな話題　**介護老人ホームに入所する時期**

テーマ　長寿化の時代で、自分の両親、いや、自分自身が介護老人ホームに入ることを想定すべき時代。しかし、介護老人ホームの生活を実感として語る書籍は存在しない。どのような実感があるのだろう。

- 当事者は本当は入りたくないのが実感だと思います。入所を決めるのは介護する家族側の決断です。ただ、オムツの交換が必要になると、それを家族にさせるのは恥ずかしい。そのようなことでホームへの入所を決断する場合もあると思います。少なくとも喜んでホームに入る人たちは存在しないでしょう。誰だって、自分の家から引っ越したいとは思いません。
- 老人ホームも入ってみると楽しい。そんな場所なら良いのですが、自宅には戻らない覚悟が決まるのは入所の３ヶ月後なのか、１年後なのか、いや、最後まで自宅に帰りたいと思うのか。女性と男性では適応性に違いがあるような気がしますが、我が身（男性）で考えたら自宅に戻ることを諦めるのは辛い。
- 家族が決断すると本人は素直に従うのか、本人を説得するのに苦労するのか。事故、骨折、介護状態にならないと無理なのか。多くの事例は何らかの事故だと思います。夫婦の一方が介護状態になって２人でホームに行くとか、家庭内の介護が物理的に困難になったか。不自由なく家庭内で生活している高齢者をホームに送り出すのは無理でしょう。１人にできないので旅行にも行けない、三度の食事の準備が必要など、たとえ、身近に高齢者をおくことが大変になってきたとしても。
- 家族の決断の理由は介護という物理的な問題なのか、いつ倒れるか、その不安を与える年寄りという存在はストレスなのか。夫婦で生活している限りは良いとして、単身になってしまった年寄りという不安要因が理由なのか。家族は、善意としても、悪意としても、いつ倒れるか分からない高齢者の存在が年齢と共に負担になっていくことが確かです。高齢者が倒れれば、その介護で家族も共倒れになってしまう不安もあります。

● 一時代前は75歳の親と50歳の子の問題でした。しかし、いまは95歳の親と70歳の子の問題です。70歳の子が、95歳の親を抱き上げて入浴させたら子が骨折してしまう。介護老人ホームが雨後の筍のように出現していますが、これは親子揃っての高齢化の社会の反映だと思います。

● 月額使用料（都内の住宅地では月額50万円）は支払えるのか。月額使用料は居住費、食費、管理費の３つを構成要件としているので、地方に行けば月額使用料が月額30万円、20万円の場所も探せます。多くの人たちは、それでも支払うのは無理なので特養などを探しますが、それの入所が難しいのが現実です。

● 娘か嫁に面倒を見て貰うのが当然。そのような世代は消えていき、これからの時代は、自分の始末は自分で行うという時代。介護老人ホームへの入所費用は自分で準備する。老後の2000万円の預金残ではとても足りません。

2022/12/05

実務に役立つビビッドな話題　**最高裁の財産評価基本通達６項事件を評釈する**

テーマ　最高裁令和４年４月19日の財産評価基本通達６項事件を多数の判例雑誌が解説している。まず、『金融・商事判例　No.1654』の結論部分を抜粋すれば次の通り。「平等原則の適用される評価通達に従った実務がこれからも揺るぎのない水準として機能していくためにも、路線価が時価を反映した価額として設定されているか否か」。つまり、実勢価額と路線価の乖離に問題があるという位置づけです。

● 『判例時報　No.2533』の解説を抜粋すれば次の部分です。「通達評価額によると客観的に租税負担が著しく軽減されることを前提に、当該行為が租税負担の軽減をも意図して行われたものであることを指摘」し、「本件購入・借入れが租税負担の軽減をも意図したものといえる」と位置づけている。つまり、租税回避の意図です。

● 税法雑誌だが、『納税通信　第3751号』で不動産鑑定士の芳賀則人氏が「収益価格の概念を取り入れて来なかった国税庁の怠慢は責められても仕方がない」「不動産の評価は、単に相続税額の算出だけに留まらず、いわゆる民法上の評価（分割協議上の評価）にも大きな影響を及ぼす」と位置づける。つまり、不動産鑑定価額が正しいという主張のように読める。

● それらの位置づけは最高裁判決を正しく位置づけていない。なんのために実行したのかと問われて「はい、相続税の節税です」としか答えられない処理は否認しても実害がない。相続税の節税効果が失われるだけです。しかし、「はい、長男の自宅を購入してあげました。現金を贈与せず、物件を購入したのは、その方が税務上は有利だからです」と答えても否認されない。なぜなら、購入は経営判断があり、それを否認したら、長男に買ってあげた物件の処分などが必要になって、私の目的（経営判断）は達成させられない。

● 節税以外の説明ができない処理は危険です。本来の意図が節税にあるとしても、それ以外の正当な理由を語れる必要があります。将来の相続争いを防止する目的や、事業承継の必要性などと説明できる処理を心がけるべきは税務の現場の常識です。

2022/12/07

実務に役立つビビッドな話題 **同族株主について配当還元価額が利用できる場合**

テーマ　顧問先の代表者の親族の方が亡くなり、相続人から顧問先会社の株価評価の依頼があった。相続税の申告は自身が依頼した税理士に担当して貰うということなので株価計算の資料を渡せば良いと思うが。

● 会社の税務申告書などを要求するのを遠慮しているのだと思う。ただ、注意すべきは傍系株主の場合は遺産分割の方法によって配当還元価額になること。中心的な同族株主が存在する場合で、持株が５％未満の場合は、同族株主であっても配当還元価額です。依頼の事案は原則評価なのか、遺産分割の内容によっては配当還元価額が利用できる事案なのか。

● そこを失敗した裁判例が公表されています。持株割合が36％の株主（中心的な同族株主）がいる会社の株式を相続し、持株割合が

7.4%になった株主が、筆頭株主とは５親等の関係にあり、６親等を親族の基準にすることは時代錯誤であり、５％を区別の基準とすることには合理性がないと主張し、相続株式の評価額を争った判決です（最高裁平成11年２月23日判決、東京地裁平成８年12月13日判決)。当然に敗訴しています。

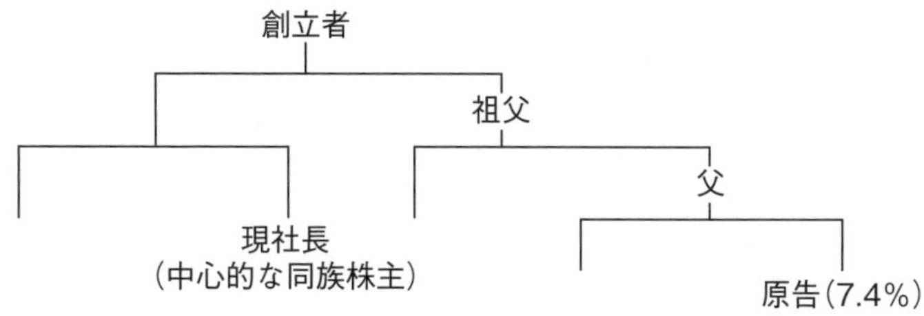

- 傍系株主（父親）の持株割合が25%を下回るなら、子供たちが上手に分割し、各人の持株を５％未満にすれば配当還元価額です。昭和の時代は創業者の相続でしたが、いま２代目、３代目の相続の時代。株式が分散しているので傍系株主は配当価額が利用できることがあるので遺産分割協議には注意が必要です。

少数株主　……　配当還元価額

同族株主（議決権が５％未満）　…　配当還元価額
同族株主（議決権が５％以上）　…　原則的評価額

中心的な同族株主　……　原則的評価額
配偶者、直系血族、兄弟、１親等の姻族の
議決権合計が 25%以上

同族株主

2022/12/08

実務に役立つビビッドな話題　**一般社団法人の監事の死亡と相続税法66条の２**

テーマ　一般社団法人の監事が亡くなったが、監事の死亡は相続税法66条

の２の適用外ですね。つまり、一般社団法人の純資産額を同族理事の数に１を加えた数で除して計算した金額を、一般社団法人に対して遺贈されたとみなす相続税課税の特例です。

● 「一般社団法人等の理事である者」の死亡なので、監事の死亡も、社員の死亡も、一般財団法人なら評議員の死亡も対象外です。なぜ、実質的な支配者で、理事選任権者である社員（一般社団法63条）や評議員（同法177条）を基準にしなかったのかは不思議です。

● 仮に、持株会として一般社団法人を利用する場合に、オーナー株主は社員として君臨し、従業員を理事にすることで66条の２の適用は免れることができます。もっとも、その場合は理事（従業員）の死亡で66条の２が適用されてしまうので、理事は同族関係にない複数人を選任しておく必要があります（相続税法66条の２第２項第３号）。

非営利徹底型（プチ慈善）	共益型（紳士クラブ）
	①　会員に共通する利益を図る活動を行う
	②　定款に会費として負担する金銭の定め
	③　主たる事業として収益事業を行わない
④　定款に剰余金の分配を行わない旨の定めがあること	
⑤　定款に残余財産は国や公益法人に帰属する旨の定めがあること	⑤　定款に残余財産が特定の個人に帰属する旨の定めがないこと（同種団体は ok）
⑥　特定の個人又は団体に特別の利益を与えたことがないこと	
⑦　理事について３親等内の親族の占める割合が３分の１以下である	

● 従業員を理事にするのなら66条の２の適用がない非営利型の法人にすることも可能でしょう。いや、しかし、持株会として一般社団法人を利用する人たちは、存在自体が私利私欲団体ですから④、⑤、⑥の要件を満たせるのか否か。それでも⑦を満たせば１階の法人でも66条の２の適用はありません。

● 死亡した理事については、現職の理事だけではなく、「理事でなくなつた日から５年を経過していない者」を含むので、同族理事を置く場合は、年長者ではなく、若い人たちにする必要があります。辞任してから５年内に死亡して66条の２が適用されても困ります。

● 理事の死亡が予想されることになったら、追加して９人の同族理事を加えてしまえば、遺贈とみなされるのは純資産の11分の１になる。脱法が容易な制度と思える。

● 持株会として一般社団法人を利用する場合ですが、一般社団法人は少数株主として配当還元価額が適用されることになると思います。つまり、相続税が課税されても実害はありません。

● そもそも持ち主（出資者）の存在しない団体なので、それを利用した節税防止には限界があります。節税防止税制として相続税法66条の２があるのであって、今後の相続税法などの改正も想定する必要がある。しかし、平成30年度税制改正で相続税法66条の２が導入されてから既に数年が経過しますが、新たな節税防止税制は登場しません。

2022/12/09

実務に役立つビビッドな話題 **増資を行う場合の１株当たりの払込金額の算定**

テーマ　増資を行うことになり、その割当株数を検討しているが、どのような基準を採用すべきか。①設立時の１株当たりの金額、②類似業種比準価額で計算した１株当たりの金額、③純資産価額で計算した１株当たりの金額、④今回の増資の直前に第三者に割り当てた発行価額。

● 増資の割当株数や合併比率は相続税法９条の問題です。時価純資産なら誰も文句を言いませんが、割当数を少なくしたい場合は相続税評価額の利用です。

● 発行価額を間違えた場合は、①給与所得又は退職所得として所得税の課税、②贈与税の課税（相続税法基本通達９－４）、③一時所得の順番で課税関係を検討します。

● ②の贈与税なら贈与税評価額で良いのですが、①と③の所得税の場合には、今回の増資の直前に第三者に割り当てた発行価額を考慮すべきか。

● 不要です。法人税基本通達９－１－13(1)は売買実例のあるものは「当該事業年度終了の日前６月間において売買の行われたもののうち適正と認められるものの価額」と定めていますが、しかし、取引相場のない株式に売買実例が適用されることはなく、法人税基本通達９－１－14に定める「財産評価基本通達の178から189－７まで」が適用されるのが実務です。

2022/12/09

実務に役立つビビッドな話題　**特別障害者名義の預金の作成と信託という認定**

テーマ　特別障害者（知的障害）の息子の将来を案じて、母親は何年もかけて息子名義の預金1000万円ほどを遺しました。母親に頼まれて娘が通帳を管理していますが、意思能力に乏しい息子が贈与契約を締結できるわけないのだから、預金を相続財産として申告しなければならないのでしょうか。

● 契約には両者の合意が必要なので贈与契約が成立しない。相続財産として計上する必要があると思います。

● いや、まさに信託ではないですか。委託者が母、受託者が娘、受益者が息子です。信託法88条では、受益権を取得したことを知らないときは遅滞なく通知することになっていますが、「信託行為に別段の定めがあるときは、その定めるところによる」としているので、受益者に通知できない場合も信託としては有効です。

● しかし、それを税務署が認めるのか否か、贈与契約書や贈与税の申告がなければ相続財産と位置づけるのが税務の現場です。信託と定義しても、そもそも贈与の意思があったのかどうか不明です。自身の死後に備えて財産を拠出したことは想像できますが、それは娘に対して預託（預けた）した財産でしょう。息子を受益者とする信託と主張するのなら、信託調書（相続税法59条３項）を提出するなどの外形的な事実を作っておくべきと思います。

2022/12/09

2022年12月11日～12月17日

実務に役立つビビッドな話題　**違約金の一部を免除した場合と寄附金処理の要否**

テーマ　借家契約を中途解約してきた借主（医療施設）から違約金をもらうことになった。契約で定めた違約金は２億円だったが、交渉の結果8000万円で合意した。差額の１億2000万円が寄附金になるという意見がある。

● 「損害賠償金は、実現してこそ現実の利益」という社会的な常識があると思います。車で轢き殺された場合の慰謝料は2500万円という自動車損害賠償責任の支払い基準がありますが、それも現実に支払われてこその実現した利益です。

● 借家契約に違約金額が記載されているとしても、損害賠償金ですから、実現しない限りは現実の利益ではない。遅延損害金についても同じで、金銭債権の支払いを怠れば約定に従った遅延損害金が発生しますが、これは支払いを受けない限り収益に計上することは不要です。

● しかし、対価に代わる損害賠償金は、損害賠償金の名目でも対価ですね。商品の販売代金に代わる損害賠償金や、役務の提供について対価に代わる損害賠償金です。それを計上する時期がいつになるのかは事実認定ですが、それにしても対価ですから、免除した場合は、貸倒損失にならない限りは、寄附金になってしまう。

2022/12/11

実務に役立つビビッドな話題　**無申告だった場合の中古資産の耐用年数の特例**

テーマ　賃貸用不動産を購入していたが不動産所得は無申告だった。修正申告もしくは更正の請求において耐用年数の簡便法は使えるものか。

● 使えません。『所得税・消費税誤りやすい事例集（令和３年12月）』に次の解説があります。「中古資産の耐用年数の特例（耐令３）は、その中古資産を事業の用に供した年分において適用を受けなかった場合、その後に更正の請求や修正申告により当該特例を適用することはできない（耐通１－５－１）」

● 東京地裁平成28年９月30日判決を基礎にした実務です。「中古の減価償却資産の耐用年数を法定耐用年数によらず簡便法等による耐用年数を用いて減価償却する場合には、当該減価償却資産を事業の用に供した日の属する年分の確定申告期限までに当該年度に係る期限内申告書においてこれを選択する意思表示をすることを要するものとされており、同通達は、所得税にも適用するものとされている」

● それにしても、耐用年数30年の場合に、29年を経過した中古資産について、これから30年の耐用年数を適用することが正しいのか。期限後申告の救済はないのでしょうか。

● 耐用年数は不動産所得や事業所得に限らず、譲渡所得でも必要になります。仮に、耐用年数を経過したヴィンテージカーを趣味で購入した場合なら、その後の転売を考えると耐用年数は長い方が有利です。そのような有利不利について、納税者の選択は、その資産を用途に供した年度に限る。つまり、恣意性の排除に理由があるのです。

● 更正の請求に先だって所轄の税務署に問い合わせたところ、審理に確認するといわれて、結果は簡便法の適用は可能という回答でした。税務職員も、個人としては税理士と同じで、現場では多様な意見が登場します。理屈は理屈として、どんなものかと税務署に質問する「厚かましさ」も必要なのが税理士です。

2022/12/11

実務に役立つビビッドな話題 **貸倒処理の時期と貸倒引当金への乗り換え**

テーマ 100万円ほどが未収となっている取引先だが、6ヶ月ほど前から連絡が取れなくなった。督促の内容証明郵便を送ったが宛先不明で戻ってきた。法人税基本通達9－6－2で貸倒損失を計上することは可能か。

● 現場の状況確認や、社長自宅に行くとか、もう少し回収努力をしないと実質と形式のいずれも判断要素が見えないと思います。

● 貸倒損失でしょう。課税庁からダメだと言われたら貸倒引当金に乗り換えれば良い（法人税基本通達11－2－1）。それに、いま貸倒に落とさないと、落とすチャンス（きっかけ）を失います。昔は貸倒損失の先取りが否認されましたが、いま貸倒損失の先送りが否認される時代です。

● 貸倒損失処理をしたが「その全額が回収できないことが明らかになった」という９－６－２の要件に欠ける。その場合には「当該取立不能見込額は、貸倒引当金勘定への繰入額として取り扱う」という11－２－１に乗り換えられる。貸倒引当金について厳格な要件があった時代の刷り込みから、この通達を理解していない方が多い。

2022/12/12

実務に役立つビビッドな話題 **特定事業用宅地について建物を相続しなかった場合**

テーマ　父親が経営していた酒屋（事業）を、父の相続で長男が承継した。しかし、土地は長男が相続するが、建物は母親が相続する。その場合でも特定事業用宅地の要件を満たすのか。

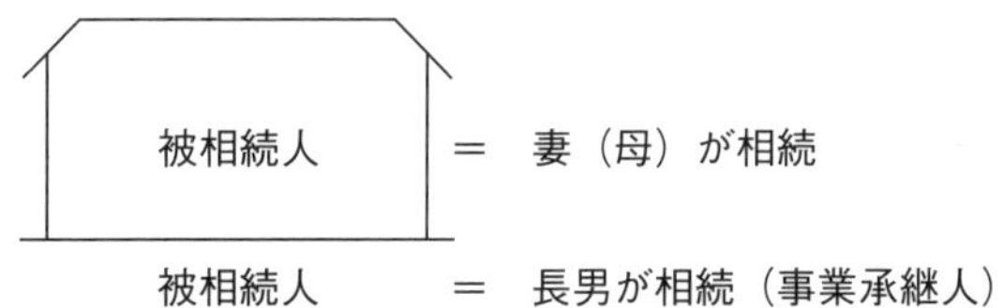

● 小規模宅地等の特例は土地が主人公なので、土地を相続すれば要件を満たします。建物か構築物が存在することは要件ですが、それを誰が取得するかは不問なのでOKです。土地を相続すれば、建物を相続する必要がないのは、生計一の相続人が、その土地上の建物で魚屋を経営している場合と同じです。

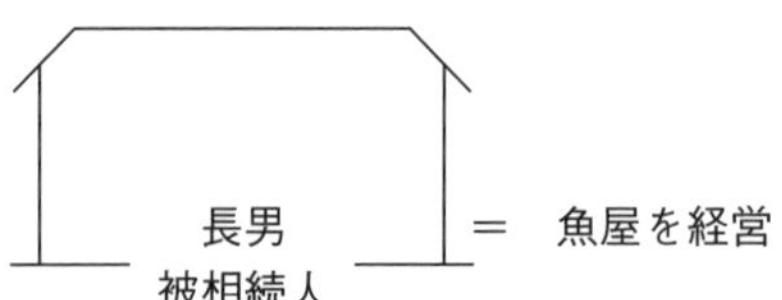

● ただし、建物を取得した母に対して賃料を請求したら、特定事業

用宅地ではなく、貸付事業用宅地になってしまうのでダメです。賃料の授受をするなら申告期限後です。

- 特定居住用宅地の場合も、土地を相続すれば要件を満たします。建物は誰が相続しても、地代の授受がなく、土地を相続した相続人が建物を無償で使用し、居住を継続すればOKです。

2022/12/15

実務に役立つビビッドな話題 **法定申告期限までに遺産分割が成立しない場合と小規模宅地特例**

テーマ　未分割のまま「申告期限後3年以内の分割見込書（小規模特例）」を添付して相続税を申告した。その後、A、B、Cの3人の相続人で遺産分割を行った上でAが賃貸物件を相続し、その後、Aは賃貸物件を売却した。その場合でも未分割の①の期間について、法定申告期限までの事業継続要件を満たすのか。

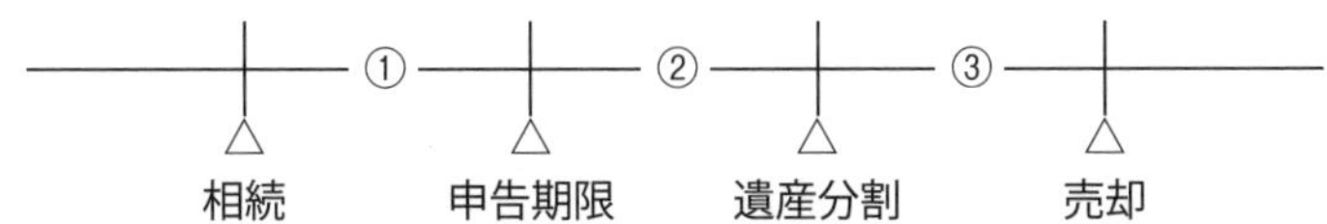

- 法定申告期限までの期間についてA、B、Cの3名が賃貸人なので、その中の1人であるAも事業継続要件を満たします。
- 事業（小売業など）を承継した相続人の場合は遺産分割で当該土地を取得しなければ法定申告期限までの事業継続要件を満たしません。しかし、貸付事業用地の場合は法定相続人の全員が事業承継人です。

2022/12/15

2022年12月24日～12月31日

実務に役立つビビッドな話題　**遺言書を無視して遺産分割を行う**

テーマ　遺言と異なる遺産分割協議書を作成する場合は、遺言と異なる部分のみ作成すれば良いのか、それとも全ての財産・債務について作成すべきか。

● 実務はリスク回避なので、遺産分割協議書を作成するのなら、遺言書は無視し、全ての財産について遺産分割をするのがシンプルです。しかし、相続人ではない孫への遺贈がある場合は、相続人だけの遺産分割にならざるを得ない。それも実務では認めると経験者が語っています。

● 孫への遺贈には遺言書を利用し、相続人間の財産の帰属は遺産分割協議で行う。要するに税務署は相続財産の全額が課税対象になっていれば、相続財産の中の配分について「贈与」などとは言いません。

2022/12/27

実務に役立つビビッドな話題　**資産を売却して弟の債務を弁済する場合**

テーマ　弟が経営する事業が頓挫し、銀行債務が返済できない。本家筋の兄が資産を売却して弟の債務を弁済する。弟は債務超過なので相続税法8条の但し書きが適用されて贈与税は課税されない。しかし、兄が行った資産の売却には譲渡所得課税が行われてしまう。

● 兄が弟の保証人なら所得税法64条2項で譲渡所得は非課税。しかし、弟の債務弁済が困難になってからの保証では64条2項の適用は受けられない。

● 兄は弟の保証人ではないが、この場合に所得税法64条2項が適用されないのが不思議です。兄弟の間柄でしたら肩代わりしてあげるのは自然だと思うのですが。

● 兄が、弟に売却予定の資産を低額譲渡すれば良いのです。債務の弁済に充てるための「著しく低い価額」の譲渡なら贈与税は非課税（相続税法7条)。資力喪失者である弟が行う資産の換価なら所得税は非課税（所得税法9条1項10号)。

● なるほど。「著しく低い価額の対価で財産の譲渡を受けた場合において」も「資力を喪失して債務を弁済することが困難である場合に」「扶養義務者から当該債務の弁済に充てるためになされたもの」である場合は贈与税は課税しない。そして、資力を喪失した者について「強制換価手続の執行が避けられないと認められる場合における資産の譲渡による所得」には譲渡所得課税を行わない。

● いや、しかし、1億円の土地を、仮に100万円で弟に売却したら相続税法7条の非課税規定が受けられるのだろうか。なぜ、単純贈与では7条の適用がないのか。実践するのは躊躇するので、頭の体操の条文解釈としての紹介です。

2022/12/27

実務に役立つビビッドな話題 **相続によって事業を承継した場合の消費税の課税**

テーマ　茶道の教室を経営していた母親が死亡し、その教室を娘が承継する。遺産分割は未了なので、娘が承継する基準期間の課税売上は法定相続分で按分した金額になるのか（消費税法基本通達1－5－5）。

● 消費税法基本通達1－5－5は「各相続人のその課税期間に係る基準期間における課税売上高は、当該被相続人の基準期間における課税売上高に各相続人の」「相続分に応じた割合を乗じた金額」とします。しかし、1－5－5が適用されるのは不動産貸付業に限るのだと思います。未分割の場合は法定果実（賃料）は相続分で承継します。

● 茶道の教室の承継なら、遺産が未分割であることは関係ありません。承継するのは事業であって、事業用資産ではありません。娘が被相続人の事業を承継したときは、被相続人の基準期間の課税売上高の全額を承継することになります。

2022/12/27

実務に役立つビビッドな話題 **区分所有登記のある二世帯住宅と小規模宅地の特例**

テーマ　88歳の相談者は2階建ての家とその敷地を所有し、1階と2階が独立（外階段）で、各階で区分登記がされている。息子が家族と

引っ越してきて２階に住んでも区分所有登記があると居住用小規模宅地特例が受けられない。区分所有登記を解消する合併登記が必要なのか。

- 区分所有登記を解消するときは１階と２階の持分割合を同一にするための交換処理が必要になる。所得税法58条の交換特例が利用できるので所得税は課税されない。しかし、本例では１階、２階とも相談者が所有しているので交換処理は不要です。
- 先日、勉強会で「税務署に確認したら、区分所有登記はマンションについて適用されるもので、２世帯住宅ではないと言われた」と。「小規模宅地の特例を適用して数件申告したが何も言われなかった」という税理士がいました。登記簿謄本を添付していないのか税務署が見過ごしたのか。
- 通達に区分所有登記がある場合はダメと明示されている以上は、事前の相談なら合併登記は不可欠ですが、相続後の相談なら区分所有登記を無視した相続税の申告もありうる選択です。

2022/12/29

実務に役立つビビッドな話題 **税理士の退職年齢を考える**

テーマ　歯医者に行ったが、診療所は年内で新しい経営者に変わるという。壁に掛けてある免許状では昭和33年生まれの65歳。悠々自適な人生だろうか。

- 借金もなく、生活費の不安もなく、健康の不安もなく、自分の決断で仕事を終了することもできるし、仕事を続けることもできる。そんな設計図は自営業者にしか描けない。しかし、自営業者であってもどれか１つが欠ければ暗転してしまう。
- 65歳という退職年齢を、サラリーマンの定年年齢を意識したのなら間違いです。私の理解では75歳でも早すぎる、85歳でも可能ではないか。さらに、いま40代の人たちは、私の認識にさらに10歳を加える必要があります。

	男性 （平均寿命81.1歳）		女性 （平均寿命87.3歳）	
生年	50％生存年齢	25％生存年齢	50％生存年齢	25％生存年齢
現在38歳	94.7	100.7	101.4	106.4
現在43歳	93.6	99.6	100.4	105.4

- 自分の退職を65歳、75歳と、年齢で考えることは無意味なこと。気力、健康、事務所の収支、それが成り立つ限りは現職を続けるべきが税理士業です。
- 長寿化の時代なのでサラリーマンも定年退職後に再就職して収入を得なければならない。その再就職先の大部分は現職時代と異なる職業です。それに比較すれば、私たちは、自分の仕事を続けることが可能。それを年齢で断ち切るのは全く勿体ない。
- 95歳まで生きるとして、65歳で退職すれば残り30年、75歳なら残り20年、85歳なら残り10年。仕事に飽きてしまったとしても、退職した後は、もっと退屈です。残りの期間を短くすることが働くことの意味です。

2022/12/29

実務に役立つビビッドな話題　**遺言執行報酬という無駄**

テーマ　「相続のご相談はいつもの○○銀行で」という○○銀行のチラシがあった。読んでみたら遺言信託、遺言代用信託（金銭信託）、暦年贈与型信託（金銭信託）、代理人指定信託（金銭信託）、遺産整理業務と書いてある。チラシの下部には小さく薄い灰色の文字で「所定の手数料がかかります。」と書いてあった。

- 遺言信託といいながら、多くの場合は遺言執行業務です。信託銀行が実行するのは名義変更手続で、相続税の申告や不動産登記は専門家を紹介することになります。信託銀行御用達の専門家なので安心できると思います。
- 遺言執行費用は借方（資産額）を基準にした計算になります。ネットを見れば料率表が紹介されていますが、財産額が多いとそれなりの金額になってしまいます。いや、ビックリするほど大きな金額の事案を見かけます。

- 信託銀行の遺言執行の報酬は高いです。都市農家さんが銀行から提案されたときは信託報酬2000万円と言われました。相続になったら遺言執行者を解任してもらって構いませんと言っていました。しかし、いざとなると断るのはなかなか大変そうです。2000万円は未発生の収入ですが、支店のポイントになるということでした。
- 信託銀行が遺言執行費用を請求するようになったので、弁護士も、遺言執行費用が請求しやすくなりました。それこそ何もしないのに4000万円なんて請求している弁護士を見かけました。仲の良い相続の場合なら、全く、無駄な費用です。
- 税理士として遺言作成の相談を受けることがありますが、遺言執行者を引き受けたことはありません。遺言執行者は相続人の誰かで良いと思います。相続発生まで自分（税理士）が元気だという保証もありませんし、10年、20年とお付き合いが続く保証もありません。

2022/12/30

実務に役立つビビッドな話題 **税理士事務所を経営する場合の立ち位置**

テーマ　自分の収入（売上）をネットに公表している人たちがいる。真偽と正確性は不明だが、あえて嘘を言う理由がないと捉えればひとり税理士で2000万円。職員をひとり増やすと1000万円のプラスになる。

- 一時代前の税理士からすれば、職員を雇用しないひとり税理士は考えられない事務所形態です。しかし、この頃の若手はひとり税理士が基本とも思える。スマホ、メール、パソコン、そして２代目税理士の寡占市場の影響です。
- ひとり税理士の場合も顧問報酬50万円×40社までは可能。さらに50万円を１社ずつ上乗せしていくとなるとキツイですね。
- 東京と地方で違うのかもしれませんが、私の（地方の）感覚だと、ひとり税理士で1200万円、職員１人で600万円のプラスです。税理士とパート女性２人で2400万円で税理士の所得は1000万円。税理士と男性正社員２人で3000万円で税理士の所得は同じ1000万円。

- 営業職、作業職、クリエイター職を区分すると、税理士は作業職ですが、どの業界でも作業職で作り出せる付加価値（売上）は1000万円、よくても1500万円が限度でしょう。それを超えた売上を確保しようとすれば保険代理店を兼務するとか、その他の特別の立ち位置が必要です。
- 特別な業務を担当する。資産税とか、国際税務とか。国際税務は私は全く分かりませんが、ただ、大企業を相手にしてもタイムチャージ型の報酬から抜け出すのは大変です。タイムチャージは補助者５人を後ろに並べる必要があって、１人の専門家では１時間10万円のタイムチャージでも採算が合いません。貴方のために働いていたと計上できる時間は１ヶ月に20時間が限度です。
- ひとり税理士でも、３人の職員を雇用しても、８人の職員を雇用しても、それほどに変わらないのが税理士自身の所得とも思います。職員を抱えても忙しい税理士と、職員を抱えてノンビリと事務所を経営する事務所に２極化するような気がします。
- 自分を落ちつかせる事務所経営の立ち位置。そんなモノが見つけられないかと。30年間、自分の立ち位置にいつも疑問を持って事務所を経営していました。いま稼ぐ必要がなく平穏に事務所を経営していますが、働く時代は、見えない同業者と戦っていました。自分自身が、どの位置にいるのだろうと。
- 全く同意です。自分と従業員の居心地のよい場所（規模）を探しています。税理士業ですらそうなのだから、資格を持たない経営者は大変です。税理士が経営をアドバイスするというのは、まさに、勘違いの典型です。

2022/12/30

実務に役立つビビッドな話題　**一般財団法人を利用した持株会**

テーマ　創業者が50%超を所有し、他の株式はそれなりに分散している会社だが、後継者もいないので、さらに株式を分散して株主全員の持株を15%未満にしてしまう。会社の支配関係は難しくなるが、

皆さん、配当還元価額が利用できてしまう。

● こういう事例こそがカルビー方式でしょう。一般社団法人を受託者にして、15%未満の株式を持つ株主から信託してもらえば良いと思います。株式を信託受益権にしてしまえば、一般社団法人の理事が議決権を一括で行使することが可能です。

【一般社団法人幹の会の定款】 当法人は、A株式会社の創業者一族を委託者、当法人を受託者とし、A株式会社の株式を信託財産として委託者から受託し、創業者株主会の円滑な運営を図ることを目的として、次の事業を行う。 1 A株式会社の創業者一族からA株式会社の株式の信託を受けること 2 A株式会社の創業者一族から信託を受けたA株式会社の株式にかかる各種株主権の行使 3 前各号に掲げる事業に附帯又は関連する一切の事業

● 誰かが株式を第三者に譲渡するか、株主に相続が発生すると、会社の支配関係が崩壊してしまいます。一般財団法人を設立し、一般財団法人で株式を買い集めてしまう。

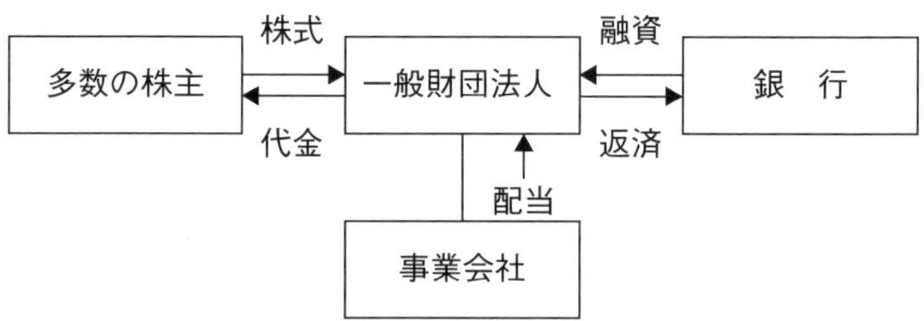

● なるほど。一般財団法人では、①事業目的と、②評議員の選任方法に関する定款の定めは変更できません。目的を事業会社の事業の経営として、評議員を事業会社の取締役の地位にあるものと限定する。そうすればノーベル財団と同じような未来永劫に創設者の意思の実現が可能な一般財団法人が支配する事業会社が作れます。

2023年１月１日〜１月７日

実務に役立つビビッドな話題　**事務所の承継について後継者にカネを支払うのが常識**

テーマ　事務所を後輩に譲渡して営業権対価を受け取った同業者がいます。しかし、玉石混交の顧客を、しがらみと共に引き受ける大変さはかなりのものです。それでいて多額の営業権対価を払い、貰った側は肩の荷が下りる。悪しき慣習だと思います。自分が引き継いで貰うときには何百万円かを払って引き継いで貰おうと思っています。

●　従業員２名と顧問先を一緒に引き継ぎました。顧問先のレベルは20年前にタイムスリップした感じ。従業員はそこそこ年齢がいっていますが、１名はどうしようもないくらいポンコツ。これが有償ならあり得ないと思います。従業員も顧問先も不要なものはバサバサ切れるというメンタルの強さがなければＭ＆Ａは無理です。

●　１年程前に来た税理士業界のＭ＆Ａの紹介会社。営業権は売上の１年が標準値だと語っていました。しかし、これはＭ＆Ａ会社が作り出した悪しき慣習です。客を引き継ぐだけならともかく、他人が雇った従業員を引き継ぐなんてとんでもない。Ｍ＆Ａは１年分の売上という営業マンの言葉に乗せられると大変です。

2023/01/03

実務に役立つビビッドな話題　**声から老ける**

テーマ　75歳、いや、85歳、もしかして95歳まで働ける税理士。若さを維持しなければならない。人間は声から老けます。

●　加山雄三は、足腰はともかく、声量は年齢を感じさせません。昭和12年生まれですから、見習うべき生き方です。

●　サラリーマンは、役職に応じて歳を取る必要がある。いつになっても兄ちゃんでは会社の役職には似合わない。しかし、自由業者、いつになっても兄ちゃんで何の差し障りもない。75歳の爺ちゃんより、75歳の兄ちゃんの方が信頼してもらえます。兄ちゃんの時代の声を維持することに価値があります。

●　顔でも、声でも、姿でも、中身が若ければ若さが維持できる。ダメになってしまうのが、病気、怠惰、不健全な生活、傲慢さ、偉くなってしまった奴。

- 若さを維持する。若い女優やキムタクの若さとは違って、わざわざ汚くなる必要はないという美意識が必要です。はっきりと、メリハリのある会話を心がければ相手に与える印象は随分と違います。この頃、マスクをしていて言葉が聞きづらい。はっきりとメリハリのある会話をするのがコミュニケーションの礼儀です。
- 講演会での語り方ですが、メリハリのついた会話が必要なのはもちろん、語尾をしっかりと強調する。いや、語尾だけではなく、句読点の付いた箇所を、ちゃんと区切って話す。それが若者の会話術です。

2023/01/03

2023年 1 月 8 日～ 1 月14日

実務に役立つビビッドな話題　**取引相場のない株式の低額譲渡の課税関係**

テーマ　同族会社株式ですが、個人間の売買で、同族株主以外の株主等が取得した場合には、相続税評価が使えないと解説している文献がある。Ｍ＆Ａなど買主が純然たる第三者でなければ配当還元方式が適用できる株数は10%程度という記述がある。その論拠の１つが財産評価基本通達188は相続税法に適用するものであって、譲渡の場合に適用するものではないからということのようです。

● 原則評価が100で、配当還元価額が５の場合に５で譲渡したら、どのような課税が起きるというのか。個人から個人の譲渡で100のみなし譲渡課税はありえないし、買主個人に差額95に対して所得税課税はありえない。贈与税課税の可能性はあるが、そうだとしたら結局は配当還元価額の５でしょう。

● 個人間の売買には所得税法59条の適用はなく、個人間の低額譲渡に課税されるのは贈与税。その原則を理解していればテーマのような誤解は生じません。

2023/01/09

実務に役立つビビッドな話題　**負担付贈与通達は現在も効力を持っているのか**

テーマ　「取引相場のない株式の低額譲渡の課税関係」を検討していて気になったのだが、同族会社株式の「贈与」と「低額譲渡」では適用される時価が違うという考えはありうるのか。土地建物の負担付贈与通達のような考え方です。しかし、株式には、そのような通達はない。

● 負担付贈与通達は、贈与税の通達ではなく、譲渡所得の通達です。つまりは、1000で取得した土地を相続税評価額700で転売して、300の譲渡損を計上し、これを給与所得と通算する。それを禁止するのが負担付贈与通達の目的です。

● 平成16年１月１日以降、土地建物の譲渡損を給与所得（総合課税）と通算することは禁止されている。負担付贈与通達は存在意義を失ったと位置づけるべきと思う。

● 負担付贈与通達の適用を否定した東京地裁平成19年８月23日判決

です。平成13年に購入した土地を、平成15年12月に時価の78％の価額で妻と子に売却し、譲渡損１億1611万円を計上して、これを他の所得と通算した。平成16年１月１日以降は土地建物の譲渡損益と他の所得の通算が禁止されることから、駆け込みで譲渡したという事案です。当然のことながら、課税庁は、妻と子に対して負担付贈与通達を適用して贈与税を課税したが、東京地裁は、この贈与税の課税処分を取り消しました。

● これこそが負担付贈与通達が適用されるべき租税回避事案と思いますが、課税庁は控訴せず、地裁で確定しています。平成16年１月１日以降は土地建物の譲渡損益の通算が禁止されたので、負担付贈与通達の登場場面はないと課税庁が考えたのだと思います。

● しかし、敷金を預かっている賃貸物件の贈与。これを負担付贈与と定義し、実勢価額を課税標準とした贈与税が課税される。そのような神経質な処理が必要なのが実務です。負担付贈与通達が存在意義を失っているのなら、通達自体を廃止していただきたいと思う。

2023/01/09

実務に役立つビビッドな話題 **無償返還届を提出した場合の中途解約と建物買取義務**

テーマ　無償返還届を提出し、社長個人の土地を会社に賃貸し、会社はビルを建築して第三者に賃貸している。どこにでもあるようなビルを持つだけの会社だが、このたび、ビルを取り壊して第三者に土地を譲渡することになった。そのために、社長個人は会社からビルを簿価で買い取って土地の返却を受け、社長個人が取壊費用を負担してビルの資産損失とともに譲渡費用にしたいと考えている。

● 建物の買い取り費用も、取壊費用も資産損失にならないと思う。取壊し予定の建物を有償で取得する理屈が見えません。

● 地代があるならば、無償返還といえども、賃貸借契約は成立している。地主の都合で建物の取壊しが必要になるのであれば立退料や建物の買取義務が地主側に発生するのではないか。

● 無償返還届を提出したら、税務は借地権を認めません。立退料を認めたら税法の整合性が壊れてしまいます。

- 無償返還届を提出しても、借地契約自体の拘束力は失われない。借主は30年間賃貸するつもりで、建物を建築した。しかし、10年で地主から返還を迫られた。その場合に借地契約の不履行として建物を適正な価額で買い取ってもらうことはOKではないのか。
- 無償返還届を提出した場合に建物の買い取り請求権があるのだろうか。何の権利もない。それが無償返還届の趣旨のように思う。中途解約の場合の立退料を認めたら、逆に、無償で中途解約することが認められないことになり、無償返還届出制度に矛盾してしまう。中途解約を行うことで立退料を支払うという作為も認めることになってしまう。
- 土地を個人が売却し、建物を法人が売却する。実際には建物代金はマイナス（取壊費用）かもしれませんが、その差引額で売却し、その売却代金を土地と建物に割り振って譲渡所得を申告する。それが無難な処理のように思います。

2023/01/09

実務に役立つビビッドな話題　**帰属権利者が信託財産を取得した場合と空き家特例**

テーマ　東京国税局の文書回答事例では、「残余財産を帰属権利者が取得した」場合は「相続又は遺贈による被相続人居住用家屋等の取得」に該当するとは認められないので、空き家特例（措置法35条3項）の対象外と解説している。

- なるほど。「信託行為の当事者ではない帰属権利者は、その権利を放棄することができること（信託法183条３項）を踏まえると、上記本件特例の趣旨の下では、帰属権利者による残余財産の取得を相続人による相続又は遺贈による財産の取得と同様に取り扱うことは相当ではないと考えられます」と解説しています。
- 相続の場合の特例は、①３年以内に相続財産を譲渡した場合の取得費加算（措置法39条）、②３年以内の自己株式としての譲渡の場合の配当所得課税の特例（措置法９条の７）、それに③空き家特例（措置法35条３項）ですが、空き家特例のみ帰属権利者はダメとしている。

● 帰属権利者は、建前として信託財産を精算し、信託債務を弁済した残余財産を受け取ることになっている。つまり、会社の清算の場合と同じですが、その残余財産に家屋が含まれていても、それを相続した場合とは異なる理解をするのだと思う。相続税法第9条の2第4項は、帰属権利者については相続債務の控除を認めないのが原則としているが、これも信託財産を精算して帰属権利者に引き渡す。そのような信託の作りが影響しているのだと思う。

● いや、空き家特例の場合は、帰属権利者に限らず、受益権を相続した場合もダメです。「相続税法……の規定により相続又は遺贈による財産の取得とみなされるものを含む」という条項が措置法35条3項には存在しません。なぜ、空き家特例のみをオミソ（除外）にしたのか。その理由は不明です。

2023/01/11

実務に役立つビビッドな話題 **2代目税理士は、どうやって顧客を増やすのか**

テーマ　2代目税理士はどうやって顧客を増やしているのか。父親から承継した顧客は、高齢化、事業廃業リスクがあるので、じり貧。独自の顧客開拓ルートを持たないとダメですね。

● やはり、既存顧客を大切にすること、そこからの縁ということになるのかなと。気になって会計ソフトでチェックしてみましたが、顧問先からの新たな紹介は8％で意外と少ない。

● ほとんどの税理士は「私はこうやって増やす」というノウハウはなく、予想もしなかったところからの紹介というのが大部分なのだと思う。

● 私は2代目ではないので、勤務時代は一刻も早く独立したいという思いと、上手くいく時代ではないので勤務もいいかもという思い。この間の揺れ動きで辛かったですね。その勤務時代に開拓した顧客はゼロ。

● 勤務税理士には仕事が頼み難い、開業すれば頼みやすくなるのか。違いますね。開業すれば「開業顔」に変わるのでしょう。客を取らなければ生活できない。生活はできても自尊心がもたない。それが顧客を引き寄せるフェロモンになります。客が手に入ったら独立する。それは逆です。独立すれば客が入ってくる。

● ２代目が、１代目と同じ努力をすれば、父親の事務所は２倍の規模になると思うのだが、そうはなっていない。

● １代目の人たちは自分で顧客を開拓する。その際に役立つのが、それまでの職業経験。他の職に就いていたとか、他の事務所に勤めていたとか。それがなく、父親の事務所で育った２代目税理士は付き合いの外への広がりがない。

● さらに、開業経験がなく、「開業顔」にならないのと、「開業フェロモン」が出てこない弱さがあるような気がする。親父さん税理士に「息子さん、顧客を取ってきますか」と聞いたら全くダメなんて言っていました。

● 顧客は黙っていれば減っていく。だから現状維持ではなく、常に、関与先の増加を求める。嫌な客か否かなんて付き合ってみないと分からない。事務処理は職員に任せて、自分は営業マンぐらいの気持ちが良いのかも。

2023/01/12

実務に役立つビビッドな話題 **会社への債権放棄に相続税法基本通達９－２を適用**

テーマ　TACT ニュースに、会社への債務免除について、株主に贈与税を課税した国税不服審判所の裁決（令和４年３月16日）が紹介されていた。相続時精算課税制度を利用して父から子に同族会社株式を贈与し、その後、相続開始直前に被相続人（父）が同族会社への債権を放棄した。

● なるほど。債権放棄によって株式時価が上昇するが、それが相続税法基本通達９－２による贈与税課税の対象になる。その事実が、父親の相続税の調査で問われて、債権放棄による株価の上昇も相続精算課税の対象に取り込まれると判断された。

● 「債権放棄による株式の評価額の増加は相続税法第９条の規定の適用がある財産の増加というべきであって、更正処分は、株式の単なる評価額の増加を対象としたものではない」と判断しています。

相続時精算課税を利用した場合の贈与認定は、相続時にも行うことが出来ますので、その適用事例です。

● 大昔に税務訴訟で担当したことがあります。息子の会社への債権放棄。会社には繰越欠損金があるので法人税の課税はないのだが、てんこ盛りの含み資産（土地の値上がり分）があって株価は高額に評価される。そのような事例で相続税法9条が主張されました。父親が債権放棄をすることで相続財産を減じてしまう手法です。相続税法基本通達9－2は租税回避事案について、のっぴきならない窮地に立って初めて抜かれる伝家の宝刀です。

2023/01/12

実務に役立つビビッドな話題 **役員の死亡退職金を孫に支払う**

テーマ 役員の死亡退職金を、死亡した役員の孫に支給する。それも認められると思うが、ダメだという意見を聞いた。

● 従業員退職金は義務のある支払いで、従業員の死亡退職金も同様です。就業規則などで受領権者を決めてあります。国家公務員退職手当法は、第1順位として配偶者（届出をしないが、職員の死亡当時事実上婚姻関係と同様の事情にあった者を含む。）、第2順位は子、父母、孫、祖父母及び兄弟姉妹で職員の死亡当時主としてその収入によって生計を維持していたものと第4順位まで決めています。

● 従業員退職金は法律上の義務ある支払いで、当然、受給権者も決まっていますが、役員退職金は株主総会決議がある場合に限り支給することができる義務のない支払いです。役員が生存中は、その役員に支給するのは当然ですが、死亡退職金は死亡者の配偶者に支払うのも、相続人に支払うも、内縁の妻に支払うのも、孫に支払うのも自由です。

● 役員退職金規程で死亡退職金の受給権者が決められている場合は守る必要があります。役員退職金規程は、単なる内規ですが、それでも会社内部では拘束力のある決まり事です。

● しかし、「できる」ことと、「課税上弊害がない」ことは別だろう。相続人が会社の経営にタッチせず、孫だけが会社の役員ならば違和感はない。会社に関係がなく、相続人でもない孫に死亡退職金を支払う。課税上弊害ありとして同族会社の行為計算否認があるかもしれない。

● どのような処理を行う場合も、その目的が節税にのみある場合は危険です。節税以外の理由を構築しておくのも税務に係わるプロの腕です。

2023/01/12

2023年１月15日～１月21日

実務に役立つビビッドな話題　**マンションの販売価額が上昇を続ける理由**

テーマ　マンションの売却で利益が生じている。なぜ、マンション価額は上昇しているのか。

- 「2022年の日本の不動産はバブルなのか？　平成バブル時の価格と比較」という2023年1月13日付の資料を「イエゼミ」というサイトで見かけた。商業地は平成3年の860万円が令和2年には320万円、住宅地は昭和63年の136万円が令和4年は64万円。しかし、マンション価額は平成4年の3714万円が令和4年の成約価格では4258万円。つまり、平成バブルの頃と、現在の不動産価格を比較すると、土地価格はバブル時の半値以下の水準。しかし、マンション価額はバブル時を上回った価格水準になっている。
- 身近な例では、築20年経過の所帯数500戸のマンションで10年前は5000万円が現在は8000万円、10年前は2000万円が現在は3500万円超。10年経過した中古物件なのに値上がりしている。明らかにミニバブルです。
- これがアベノミクスの低金利バブルです。30年ローンだと5000万円の借入で、①金利1％なら元利均等支払総額は5789万円、②金利2％で元利均等支払総額は6653万円。これが昭和の時代だと、③金利6％で元利均等支払総額は1億791万円。
- 逆に考えれば30年の返済資力を5000万円と考えると、①金利1％の購入可能額は4300万円、②金利2％の購入可能額は3800万円、③金利6％の購入可能額は2300万円。つまり、昭和の時代の2300万円のマンションが、低金利政策で4300万円で売れてしまう。
- なぜ、地価は上がらず、マンション価額は上昇しているか。女性も働く時代で会社の近くに住みたがっていること。戸建てに比較し、マンションの買い易さ、売り易さも影響していると思う。円安効果の外国人需要も大きい。それにしても地価が上がらず、マンション価額が上がっているのですから、マンション開発業者には美味しい市場だと思います。
- 金利の上昇が噂されていますが、仮に、2％も金利が上昇したら住宅ローンでマンションを購入しているサラリーマンは破産してしまう。

2023/01/15

実務に役立つビビッドな話題　**相続時精算課税の基礎控除を重複して利用する**

テーマ　相続時精算課税では110万円まで非課税で、暦年贈与の場合と異なり、相続前７年内の贈与でも相続財産に加算されない。仮に、毎年500万円を贈与した場合は太枠が加算される金額になるが、これは理屈に反しないか。

	10	9	8	7	6	5	4	3	2	1
	390	390	390	390	390	390	390	390	390	390
精算課税	110	110	110	110	110	110	110	110	110	110

	390	390	390	390	390	390	390	390	390	390
暦年贈与	110	110	110	110	110	110	110	110	110	110

● なぜ、次のようにしなかったのでしょう。つまり、相続時精算課税と暦年贈与のハイブリッド型です。相続時精算課税について「110万円×７年」のボーナスを与える立法趣旨が分かりません。

	390	390	390	390	390	390	390	390	390	390
精算課税	110	110	110	110	110	110	110	110	110	110

● 相続時精算課税を選択すると暦年贈与の基礎控除110万円が利用できない。その不利益の解消として相続時精算課税でも110万円の控除を認めた。しかし、これは相続時精算課税に取り込まれた贈与なのだから、その控除分110万円は、仮に、７年に限っても暦年贈与には取り込めない。そのような潔癖な理屈を採用したのだろう。

● 父からは暦年贈与を受け、母からは相続時精算課税の贈与を受ける。そうすると２つの制度の110万円の基礎控除が重複して220万円まで利用できてしまう。そうしたら父母２名と、さらに祖父母４名からの相続時精算課税を受けたら6人分の贈与で660万円までは非課税枠が利用できてしまう。

● いや、さすがに違います。相続時精算課税を受けた贈与額で110万円を按分です（自民税調資料）。従って暦年贈与を利用しても220万円が限度です。

2023/01/15

実務に役立つビビッドな話題 **ワニ革の財布を経費に計上したい**

テーマ 事業経営者がワニ革の財布の経費計上を求めてきますが、これが経費として認められるはずはない。しかし、スーツを経費に計上する税理士と、どこが違うのだろう。

● 事業所得者なのか、給与所得者なのかの違いがあると思っています。個人事業主でスーツを按分経費計上している税理士はいますが、税理士法人の社員でスーツを法人の経費にしている税理士はいないと思います。

● 売上を計上し、経費を支出して所得を得る。所得計算は法人も事業所得も同じ。しかし、スーツを損金に計上している税理士法人は存在しないとしたら、個人税理士がスーツを必要経費に計上するのが間違いなのでしょう。

● なるほど。ビジネス用の鞄を個人税理士が必要経費に計上する。それに議論があるとしたら、税理士法人が書類持ち運び用の鞄を従業員に提供するのを何と説明するか。つまり、純粋経済型である法人基準で認められる経費は、個人でも認められ、法人基準で認められない経費は個人でも認められない。だからビジネスバッグは良いが、ワニ革の財布はダメと位置づけるべきと思う。

2023/01/20

実務に役立つビビッドな話題 **時価の異なる土地と建物を交換した場合の交換特例**

テーマ 鈴木さんと、佐藤さんが不動産を交換をする。交換差額は20％以下なのでOKとして、この差額には贈与税が課税されるのか。その場合は相互に200万円と100万円か、あるいは差額の100万円か。

	鈴木	佐藤
土地	800	1000
建物	1000	900

- 所得税基本通達58－12は、資産の価額が「合理的に算定されていると認められるものであるときは、その合意された価額が通常の取引価額と異なるときであつても、法第58条の規定の適用上、これらの資産の価額は当該当事者間において合意されたところによるものとする」と定めている。つまり、交換差額についての贈与税はないと思う。
- 土地と建物の総額として等価と認められても、土地と土地、建物と建物が等価であることの証明にはなりません。
- 本件は身内間の交換なので贈与税の可能性があります。「特殊関係者間の不等価交換」という国税庁の質疑応答事例は「特殊の関係があり、その交換は純粋な経済取引とは認められず」として贈与税を課税すると解説しています。
- 200万円の差金支払い義務と、100万円の差金支払い義務を相殺して100万円の支払い義務がある。それを免除すれば100万円に贈与税。贈与税の課税を避けるために100万円の差金を支払えば、土地については200万円について譲渡所得、建物については100万円について譲渡所得を計算するのだと思う。その部分は交換特例が適用されない現金対価の譲渡です。

2023/01/20

実務に役立つビビッドな話題　**取引相場のない株式を遺贈する遺言書の作成**

テーマ　30％の株式を所有する傍系家族。持株の６％を第三者に遺贈し、残りの24％を相続人の各々に４％ずつ相続させる。そのような遺言書を書けば、遺産の取得者の立場で株価を算定する財産評価基本通達では配当還元価額が利用できる。

- 譲渡制限のある株式について、会社の承認なく第三者に遺贈した場合に、遺贈の効果が認められるのか。会社法137条は「譲渡制限株式を取得した株式取得者は、株式会社に対し、当該譲渡制限株式を取得したことについて承認をするか否かの決定をすることを請求することができる」と譲受人の権利を認めているので、遺贈の効果自体は生じているのだと思う。

- その遺贈を会社に対抗するには会社の承認が必要です（会社法139条）。譲渡承認の申請は受遺者と相続人が行う（137条２項）。これを受遺者単独で行うことはできないのか。不動産を遺贈した場合と同様に権利者（受遺者）と義務者（相続人）との共同申請になってしまうのか。
- 遺贈の登記手続なら遺言執行者の権限です。譲渡承認の申請も遺言執行者が行えば良い。いや、これは無理ですね。譲渡承認は承諾されず、裁判手続に移行して会社に買い取られることもある（会社法140条、141条及び144条）。その場合の手続や、買取価額の妥当性について遺言執行者には決定権限がありません。それは遺言執行の範疇を超える受遺者の権限です。
- 遺贈手続への相続人の協力が得られない場合は、会社への承認申請を求める裁判手続が必要になりそうです。現実的には、そこまでの手続を行うことは難しいので、相続人が協力する場合の株式の遺贈に限るべきです。

2023/01/20

2023年１月22日～１月28日

実務に役立つビビッドな話題 **修繕費として損金処理してしまった固定資産の資産計上**

テーマ　前期に修繕費1000万円を計上したが、税務調査で資本的な支出として否認された。そのため当期に附属設備1000万円として会計処理をし直し、減価償却を行う。これは特に税務上問題ないですね。

● もちろん、それで良いのですが、1000万円を修繕費として経費計上し、それが否認された場合は、その後の別表処理で損金経理が認められます（法人税基本通達７－５－１、７－５－２）。わざわざ帳簿上の損金処理（減価償却費）が求められることはない。もし、そんなことが求められたら、会計処理の変更が不可能な上場会社では、減価償却費1000万円の損金処理のチャンスを失います。

● 上場会社ではないので会計原則など守る必要もない。だから別表調整するなど複雑なことをせずに、固定資産として会計帳簿に受け入れ処理をしてしまった方が簡単です。

2023/01/23

実務に役立つビビッドな話題 **小規模宅地特例の同居と生計一の使い分け**

テーマ　父親の事業を長男が承継する予定だが、事業用小規模宅地の特例は同居していないと認められないのか。

● 父親の死亡を契機として長男が承継するのなら同居は不要ですが、生前に事業を承継しようとしたら相続時点で生計を一にしていることが必要です。

● 死ぬまで父親が事業を経営し、相続後に息子が事業を承継するという事業承継は、長寿化の時代では現実的ではない。糖尿病になり、認知症になり、介護老人ホームに入っても父親は死ぬまで事業経営を続ける必要がある。95歳まで生きる時代なので、息子が事業承継をするのは75歳になってしまいます。

● 通常は生前の事業承継です。その場合に事業用小規模宅地の特例が認められるのは、相続時点で生計一親族の場合に限る。通常は相続時点で親子が同居している場合です。

● 父の税理士事務所を同居の息子が手伝い、父が75歳で隠居し、息子が事業主になる。そして相続時点で親子が同居して生計を一にしている。この場合は事業用小規模宅地の要件を満たします。しかし、相続時点で息子が別居している場合はダメです。仕送りを送り続ければ「生計一」になるかもしれない。

● なるほど。居住要件も、事業要件も、小規模宅地の特例が受けられるのは「生計一」で理解した方が容易ですね。賃貸事業用地は「生計一」要件自体が存在しないので、相続後に別居の子が賃貸業を承継しても良いのですが。

● 税理士事務所に使用している土地建物の場合なら、①父親に死ぬまで事業主として頑張って貰うか、②生前に事業承継するが、生計一の形を整えるために父親と同居するか、あるいは親への仕送りを欠かさないこと。これが事務所からの給料ではダメなので、必要経費に計上することはできません。

2023/01/23

実務に役立つビビッドな話題 **暗号資産という相続財産の行方が分からず**

テーマ　３年前の相続案件の相続人からの相談だが、被相続人（父）が、生前に預金を暗号資産に変えて亡くなり、その後相続人（子）が、暗号資産を現金に換えようとしたが、仲介業者がなかなか応じてくれない。

● ３年くらい前に亡くなった方の相続の申告の際に、仮想通貨に投資していたらしいことはわかったのだが、どこを調べてもたどりつかず行方不明です。

● なるほど。投資家が死んでしまったら仲介業者がネコババしてしまう。それが暗号資産のビジネスモデルかもしれません。追求不能なのが暗号資産の特徴です。世の中には平気で嘘がつける人たちもいます。

2023/01/25

実務に役立つビビッドな話題 **共有者に相続人がいない場合の他の共有者の課税関係**

テーマ　不動産の共有者Ａが死亡し、相続人がいないことから共有者Ｂが

持分を取得した。相続税法９条によるみなし相続財産になるが、Ｂは Ａ の取得価額を承継するのか。

- 「共有者の一人が死亡して相続人がないときは、その持分は、他の共有者に帰属する」とするのが民法255条です。そして、これは遺贈によって取得したことになります（相続税法基本通達９－12)。
- 相続税法では「みなし遺贈」であっても、所得税法60条の相続や遺贈には該当しません。したがってＢは Ａ の取得価額を承継しません。では、取得価額はゼロなのか、時価なのか。これは時価です。
- Ｂは共有持分の取得について相続税が課税される。そうしたら所得税法９条１項16号の「相続税法の規定により相続、遺贈又は個人からの贈与により取得したものとみなされるものを含む」によって所得税の非課税所得になる。Ｂが Ａ の取得価額を承継し、その後の譲渡に譲渡所得課税を行ったら二重課税になってしまう。だから共有持分の取得価額は時価になる。そのような理屈です。
- 同様の例が特別縁故者に対する相続財産の分与（民法958条の２）です。「相続財産の分与により取得した資産の取得費等」という照会事例です。「所得税法上、相続財産の分与として取得した財産については、遺贈により取得したものとみなす規定がありませんので、遺贈により取得したものとみることはできません。相続財産の分与として取得した財産は、その分与を受けた時に、その時の価額により取得したことになります」と回答しています。共有持分の取得の場合も同様の課税関係になるはずです。
- 所得税法60条。その歴史に遡りますが、シャウプ勧告では、相続時には、①被相続人に対して、それまでの値上がり益に所得税を課税し、②相続人には財産の取得について相続税を課税していた。それが二重課税に見えることから、①の課税を廃止し、その代わりに被相続人の取得価額を相続人が承継し、相続人の転売時まで譲渡所得課税を先延ばしすることにした。しかし、本件設例の事案は所得税法上の相続による取得（所得税法60条）に該当しないので、この理屈が採用できない。つまり、Ｂは、Ａ の取得価額を承継しない。

実務に役立つビビッドな話題　**相続人が不存在の場合の税法上の処理**

テーマ　相続人が不在の相続が増加し、相談されることが増えてきた。その場合の課税関係を整理しておきたい。被相続人に年間の家賃収入1000万円があった場合です。

● 財産の換価を含めて登記の処理は遺言執行者でも可能ですが、遺言執行者は申告手続を行うことはできない。相続財産管理人の選任が必要です。ただ、包括受遺者がいる場合は、その者が法定相続人の立場に立ちます。

● 「民法上の相続人が不存在の場合の準確定申告の手続」という質疑応答事例があります。①包括受遺者がいる場合は、包括受遺者が遺贈のあったことを知った日の翌日から4ヶ月を経過した日の前日までに準確定申告書を提出し、②包括受遺者がいない場合は、相続財産法人の管理人が確定した日の翌日から4ヶ月を経過した日の前日までに相続財産法人が準確定申告書を提出する。

● 相続後の賃料収入には法人税が課税されるのですね。「相続人のあることが明らかでないときは、相続財産は、法人とする」のが民法951条です。

● 相続人の不存在が確定したときは、債務を弁済し、遺贈を実行し、特別縁故者への財産の分与を終えた後の相続財産は、結局は国庫に帰属することになるので、相続財産法人としての所得の申告は不要だとする解説（渡辺淑夫・山本清次編集代表『法人税基本通達の疑問点』三訂版増補　ぎょうせい刊平成16年8頁）が実務の指針です。

● 公益財団法人日本税務研究センターの相談事例Q＆Aも「相続財産法人に納税義務がないとする明文の規定も存在しないことから、納税義務がないとは推測されません」と解説しながらも、続けて「ただし、相続財産法人の財産は、最終的に国庫に帰属するので納税義務無しとしても課税上の弊害はないと考えられます」と結んでいます。

● 相続財産管理人のリスク回避としては法律にしたがった処理が無難です。相続財産が法人になっても、それは相続財産に法人格を認める財団化の処理であって、相続財産法人への譲渡ではないので所得税法59条は適用されません。したがって、被相続人の取得価額は、そのまま温存されます。だから相続財産の換価に譲渡益課税が行われます。

● その場合に地方税まで課税されるのか。事業所があるわけでもなく、地方税は関係ないと思ったが、都税事務所から連絡があり、法人税の申告があれば、それにリンクして都税の申告もしてもらわないという連絡があり、追加で申告をして納税しました。最後には国に帰属する財産ですから、誰に納税しても実害はないのですが、財産を処分して、空になった後に追徴されると財産管理人の責任問題が生じてしまいます。

2023/01/27

実務に役立つビビッドな話題 **空き家の譲渡特例の本質は空き家の取り壊し特例**

テーマ 空き家の譲渡特例制度について、譲渡の日の属する年度の翌年2月15日までに、①耐震基準に適合することとなった場合と、②建物の全部の取壊しが行われた場合を特例対象に取り込むと改正されたが、その趣旨は何か。

● 建物を取り壊さずに譲渡したミス事例が大量に出現したのだと思います。「空き家の譲渡特例」というネーミングから、制度の趣旨が空き家の譲渡にあると勘違いしている人たちは多い。

● 制度の趣旨を「空き家の譲渡特例」ではなくて「取り壊し譲渡特例」と説明すべきでした。耐震構造に欠ける建物を温存しない。制度の趣旨は、その一点にあると説明すべきだったと思います。

● 空き家ではなく、取り壊しが主人公（目的）だから、譲渡の前に建物を取り壊すことは必須の要件。業者に売却する場合は、取り壊しを業者に任せることが多いが、それは危険です。「取り壊し譲渡特例」であることを肝に銘じておくべきです。

● 同居の親族がいる場合は特例の対象外ですが、これは「取り壊し譲渡特例」だからです。同居の親族を追い出すような制度を税法が作るわけにはいきません。

● なぜ、区分所有物件には空き家特例が認められないのか。その理由は「取り壊し譲渡特例」だということに理由があるのですね。

● 居住用資産の譲渡の特例とは異なり、建物を取り壊してから１年以内の譲渡という要件（租税特別措置法通達31の３－５）の適用はない。売却を覚悟した場合は取り壊しを先行した方が良いと思います。

2023/01/28

実務に役立つビビッドな話題 **徴戒処分の対象になる税理士の人たち**

テーマ 官報に税理士懲戒処分が公告されています。顔を知っている同業者の名前が掲載されました。「なぜ？」という疑問とともに、自分はしっかりやらなければと自らの糧にする。

● 世の中の脱税案件では、納税者ばかりでなく、税理士も何らかの処分を受けているのでしょうか。

● 違います。私の知る限りでは、懲戒処分を受けるのは頭のネジが外れた税理士です。

● 3000万円の所得を減らしてほしい。助かった税金の３割を先生に払う。それで実際に3000万円のウソの仕訳を弥生会計に入力。97％の税理士にはあり得ないと思いますが、そのような処理で懲戒処分を受けるのでしょうか。

● 私の理解では、そういう想定可能な合理性のある処理ではなく、合理性が欠けた判断の人たちが多いように思います。懲戒処分の例とは異なりますが、消費税の税務調査で、帳簿の提出を拒否し、何億円の仕入税額控除をダメにしてしまった会計士がいます。自分自身として具体的な場面を想像したら、税務職員は１年以上の期間について、７度は帳簿を見せるように指導したはず。そのことについて国家権力の怖さを認識せず、自分の信念を曲げない。税務職員を虫けらと思ったのか。そのような頭のネジが外れた方が懲戒処分の対象になります。

● 税務調査の現場での感情的な喧嘩は怖いです。税務職員も、使命を持って仕事をしている人たち。それが否定されたら黙っていることはできない。基本的に税務職員は組織で勤まる常識人ですし、お互いに立場のあること。それを理解し、お互いに立場を尊重することがリスク回避です。懲戒処分は調査の現場で拾い上げられます。

2023/01/28

2023年 1 月29日～ 2 月 4 日

実務に役立つビビッドな話題 **家事費を経費に計上してくる家主への対処法**

テーマ　会社員でアパート経営をされている方だが、不動産視察費用として多額の交通費の領収書を持ち込んできます。過去５年以上も同様の処理をしているのですが、実際に新たに不動産物件を取得するには至っていません。

- 実態は観光旅行のついでの視察でしょう。所要時間で按分して必要経費の計上額を算出するか。具体的にどの物件の話で、何をしたかを明確に聞き出しておく必要があると思います。
- 「今まで税務署から何も言われたことがないから大丈夫」。そのような話は本当に迷惑です。
- 弱小な不動産所得は50年に１度の調査もないと思います。税務署から何も言われたことがないというのは、税務署が相手にもしていない零細な申告です。
- ちょっと古い資料ですが、個人事業者全体で1.1%。そのうち不動産所得となると、さらに低い割合でしょう。税理士の真面目さと不真面目さが検証されない申告分野です。

実地調査率（実調率）

	平成元年分	平成28年分
法人	8.5%	3.2%
個人	2.3%	1.1%

（国税庁資料）

- では、どのように対処するのか。①本人が主張するのだから経費に計上してしまうか、②内容をチェックして矛盾のない限度で計上してもらうか、③金額的な判断をして、仮に、半分の計上にしてもらうか。④調査がないとしても税理士の保身を考えて計上を控えてもらい、それに納得してもらえなければ仕事を断るか。
- 仕事を断れば良いのですが、私が断れば、これを処理してくれる税理士を探すだけのこと。一部を経費から撤回してもらうなど、可能な限り、適正な手続に近づける。それが努力したという税理士のアリバイになります。

2023/01/30

実務に役立つビビッドな話題　**テレワークとか、web裁判とか**

テーマ　**月曜日は丸の内の人出が少ない。テレワークなのだろうか。月曜日の人出が少ないのは「かったるい月曜日」の出勤を抑えるという意味で「テレワーク＝楽をしたい」という制度なのか。**

● コロナ禍とか、働き方改革とか、テレワークを導入する理由について多様な説明がなされてきましたが、結局は、「テレワーク＝楽をしたい」に落ちつくのかもしれません。

● web裁判も急激に拡大されています。どの程度の採用割合かは判りませんが、例外を除いて全てがweb裁判だという理解と、まだ、半数程度の実行割合だという意見がありますが、それにしてもコロナ禍がなければ、お役所仕事で、これほど急激な採用はあり得なかったと思います。

● 「パンデミックは時代を進める」という説があるそうですが、web裁判は、まさに、それです。コロナが終わっても元には戻りません。web裁判も、テレワークも、皆さんが「いいね」ボタンを押している感じです。1つの裁判毎に法廷に通っていたことと比較すればweb裁判は5分の1の時間で、疲労感も5分の1です。

● 皆さん、テレワークで何をやっているのかと疑問に思っていました。サラリーマンの仕事は分かりませんが、webで裁判が実行できるとしたら、テレワークで処理できない事務処理は存在しないでしょう。コロナ後にもテレワークの時代は続くような気がします。

2023/01/31

実務に役立つビビッドな話題　**身内間の建物の賃貸について借家権控除**

テーマ　**父親が生計別親族の長男に事業用不動産（店舗）を賃貸をしていた。父親が亡くなり、長男が店舗を相続することになるが、この場合に建物は貸家と貸家建付地の評価減が可能か。借家人である長男が相続すると、借家人の権利は混同によって消滅するので評価減は認められないという意見を聞いた。**

● 混同で消滅するという理解は、おそらく相当地代の土地の賃貸借に関する判決です。相当地代によって賃貸していた土地についての20％相当の評価減は、借地人による使用制限を理由とする減額だから、借地人自身が土地の遺贈を受けた場合は減額の必要がないと裁判所は判断しています（最高裁平成４年11月16日判決）。

● 借家権控除は、借家人に借家権という権利が帰属しているのだから、建物所有者について借家権控除が認められるのは当然です（財産評価基本通達94　借家権の評価）。相当地代のような使用制限とは異なります。

● 私は、息子に居住用家屋を無償貸与していますが、相続が見えてきた時点で家賃を貰うことにする。それで建物は30％減で、土地は21％の減額ということが本当に認められるのだろうかと不思議には思います。借家権控除は、借地借家法に基づく借家人の権利を前提にしていると思いますが、父子の貸家契約では借地借家法は主張されません。

● 正しくは、借地借家法を主張しない関係者間と、他人間の取引を区別すべきですが、財産評価基本通達で、その区別の基準を設定するのは不可能です。

2023/01/31

実務に役立つビビッドな話題　**税務調査の最近の状況とコロナの影響**

テーマ　12月初めに調査が入り、年明けに連絡すると電話のやり取りがあって、必要な修正申告はするつもりだが、その後の連絡がない。コロナのせいで３年間で２件しか調査の立ち合いがないので最近の税務調査事情がよくわかりません。

● 私の場合は、新人の調査官で、コロナの影響で調査経験が少なく、手を広げすぎて何件も仕掛を抱えているようでした。

● 11月に税理士事務所で最初の調査があり、１月に税務署の意見陳述があって、それに反論（電話）したのですが、その際に税務署側から４月まで休戦の提案がありました。

● 昨年に３件の調査があって、うち２件は調査官がコロナに罹患していました。１件は８月半ばの調査で廃材の売却代漏れだけの話でしたが、ずっと連絡がなく、12月に慌てて連絡してきて、修正申告を今日中に出せみたいなことがありました。

- コロナ感染者が増え続けるときだったので、会社内での調査をお断りしたら帳簿を持ち帰らせて欲しいという要望。5日間ほどという話から始まり、あと1ヶ月、あと1ヶ月で、既に、4ヶ月を経過しています。
- おそらく、コロナ禍で税務署の内部の指導教育関係が機能していないのではないか。税務署内部でも顔を付き合わせて議論するのは躊躇する時代です。相手方を攻撃するのが戦争ですが、兵站内部での感染予防で指揮命令が機能していないような印象を受けます。
- コロナ禍の社会に与える影響が気になりますが、表向きは組織は機能していますが、能動的、積極的な活動のエネルギーが消えてしまった。税務署に限らず、テレワークで働いている人たち全員にいえるエネルギーの消失社会のような感じがします。

2023/02/01

実務に役立つビビッドな話題 **M & A価額と財産評価基本通達の価額の違い**

テーマ　A社が、第三者から1株1円で株式の全てを購入したM & A案件だが、6ヶ月ほど経営の様子を見て、持株の50%を代表者に転売する。この場合の株価は1円で良いのか。ちなみに純資産価額は3000万円だ。

- 最初に行ったのは会社の譲渡で、財産評価基本通達に現れない退職金債務や企業の経営リスクを含んだM & A価額です。しかし、次の譲渡は出資持ち分の譲渡なので財産評価基本通達が適用される。それが税務の大原則だと思います。
- 課税の理屈を優先して財産評価基本通達に基づく価額を採用するのか、社長の常識を優先して購入価額による転売にするのか、その判断は税理士のリスクです。

2023/02/03

実務に役立つビビッドな話題　**居宅敷地の贈与を受けての居住用資産の譲渡の特例**

テーマ　土地は母が所有し、建物は息子の名義で、息子が居住している。土地を相続時精算課税で息子に贈与し、すぐに息子が居宅を売却した場合は、居住用資産の売却として3000万円控除が受けられるのか。

●　地主から買い取り、即、転売した事案で、所有者として居住していないと否認された例があります。以前から住んでいたので「特例を受けるための居住」には該当しないが、「所有者として居住していない」という否認理由を持ち出されてしまいました。

●　否認された裁決事例があります。1月に不動産譲渡の交渉を開始し、1月下旬に税理士から贈与後の売却を助言され、7月1日に相続時精算課税で2500万円分を贈与し、7月18日に贈与登記をして、7月19日に売買契約を締結した（平成22年6月24日裁決）。審判所は「当該家屋を、所有者として居住する意思を持って、居住の用に供していたことを要する」と説示し、居住用資産の譲渡特例の適用を否定しました。

●　その事案の場合なら、贈与額は、相続税評価額ではなく、売却代金になると思います。売買契約中に相続が発生した場合の売主側の相続財産が残代金請求権になるのと同じです。

2023/02/03

実務に役立つビビッドな話題　**フリーレント期間中に相続が発生した**

テーマ　賃貸借契約を締結して既に入居しているが、当初3ヶ月はフリーレントで賃料を免除。免除期間中に相続が発生したのだが、賃料免除なので貸家建付地にならないと資産税の特官が主張している。

●　法人税や消費税では、中途解約不能のフリーレント契約の場合は、その期間を含めた賃貸期間で賃貸料総額を按分し益金計上する処理が妥当とする考え方があった（税務通信　3007号）。しかし、フリーレントの実態が「賃料の免除又は値引き」といえるものがある場合は、按分せずフリーレント期間に対応する賃料相当額を収益計上しない処理も認容されることになった（税務通信　3338号）。

- １つの賃貸借契約期間のうち、冒頭の一定期間の賃料を免除するというものだから、全体として有料で貸していることに変わりはない。それを使用貸借とでもいうのか。
- 契約は、フリーレント期間を通じて１つの契約。フリーレント期間は使用貸借で借地借家法の保護はなく、その後は賃貸借になって借地借家法の保護が生じる。そのような考え方は私法理論ではありえない。全体として１つの賃貸借契約です。借家権が成立し、借家貸付地になるのは当然です。

2023/02/04

2023年２月５日～２月11日

実務に役立つビビッドな話題 **使用貸借で建物を借り受けて賃貸していた場合と貸付事業用地**

テーマ　被相続人が所有する建物を第三者に貸し付けていたが、相続が開始する５年前からは、建物を子に無償で貸与し、子が建物を第三者に賃貸していた。これは貸付事業用地として小規模宅地の適用が受けられるか。そのような税務相談が税務通信3739号に掲載されている。

● 子が生計を一にする相続人なら、子の貸付事業に供されている敷地は貸付事業用地ですが、生計一の関係にない場合は貸付事業用地にはならない。それが原則だと思いますが、この税務相談は、そこに所得税の実質課税の理屈を取り込んでいる。

● 月極駐車場を父から使用貸借で借り受けて、子が駐車場収入を所得として計上していた。そのような事案について、大阪高裁令和４年７月20日判決は、所得税法12条の実質所得者課税の理屈を採用し、土地の不動産所得は父に帰属すると認定した。そのような判決です。

● 貸付事業用地の認定に、この実質所得者課税を採用して、「賃料の法律上帰属するとみられる建物の使用借権者である子は、実質所得者課税の原則により、所得税法12条に規定する単なる名義人であって、その収益を享受せず、被相続人父がその収益を享受する場合に当たると解されます。そうすると、本件宅地は、子の事業用宅地等ではなく、被相続人父の事業用宅地等であるといえますから、同人の貸付事業用宅地等として小規模宅地等の特例の適用を検討するのが相当と考えます」と結論を出しています。

● 相続税の事業者認定に、所得税法12条の実質所得者課税を採用して良いのか。ただ、父親が所有する賃貸物件を、父の高齢化によって子が家主として賃貸業を経営する事例は多いと思います。その場合も賃料収入は父が申告すべきですが、子が申告してしまう場合も多い。

● その「子が申告してしまう場合」に貸付事業用地の適用があるのか。特に、子が生計別の場合が気になっていましたが、これは父（被相続人）の貸付事業用地として小規模宅地の適用が可能とする解説です。賃料収入を所得として申告していない父にとっての貸付事業用地になるのか、微妙な不安がありましたが、税務通信が「税務相談」として掲載するのなら課税庁の意向に沿った解説だろうと思います。

2023/02/08

実務に役立つビビッドな話題　**インボイス発行事業者を選択しない場合のペナルティ**

テーマ　牛乳配達のように家庭に商品を届ける販売員で、給与ではなく、販売手数料の場合ですが、殆どが免税事業者なのでインボイス制度がスタートしたらどうなるか。

● 販売会社によって対応は異なると思うが、地元の販売会社が販売員に配布したリーフレットでは販売手数料の減額としている。免税事業者を選択した場合の会社の対応として、従来の販売手数料から益税を差し引いた金額に販売手数料を減額すると書いてある。

● なぜ、そういう理屈で販売員をいじめるのだろう。塾の講師とか、一人親方とか、大量の免税事業者がいると思うが、消費税の建前を主張し、ツケをその人たちに押しつけて、それが正しいと論じている。

● いままで220万円を支払って働いてもらっていた販売員。これからも220万円を支払って働いて貰うのが正しいと思うが、販売会社は、それでは20万円の仕入税額控除が取れないので販売員の手間賃を200万円に減額する。それは建前を装った搾取です。

● 益税は、販売会社について生じていたのであって、その益税が取れないから販売員への支払いを減額する。そんなことを実行したら経過規定で販売会社は益税を確保してしまう。

● 令和５年10月にインボイス制度が実施されるが、その後３年間は80％の仕入税額控除が認められ、さらに、その後３年間は50％の仕入税額控除が認められる。少なくとも、その間について手間賃の10％の減額は消費税を装った搾取だと思う。

令和５年10月 ―― 令和８年10月 ―― 令和11年10月
80％控除　　　　50％控除

- 大手ゼネコンが下請に出した案内文を目にした。①適格請求書発行事業者登録は協力の依頼のみであり、決して強要はいたしません。②適格請求書発行事業者登録しないことを理由に発注取り止めや消費税相当額の一部または全部を支払わない行為をいたしません。③お取引先様から自主的に消費税相当額の減額をご提案頂いても、決して受諾いたしません。
- 凄いですね。商道徳としては当然です。いままで110万円で納品してもらっていたものを100万円に値下げするのが間違いです。110万円の仕入れについて10万円を消費税とみなして仕入税額控除が認められていたのは発注側の企業です。それが110万円について仕入税額控除が認められなくなったら、それは発注者側の益税の問題であって、それを下請に押しつける理由はありません。

2023/02/09

実務に役立つビビッドな話題　**給排水設備や電気設備に割り振る金額の算定**

テーマ　賃貸用の新築マンションの１室を購入した。土地と建物には区分できるが、給排水設備や電気設備の金額がわかりません。

- 区分所有の事務所ビル（新築）を購入したときは、建物本体、電気設備、給排水設備、昇降機、防災設備、自動扉、冷暖房設備と区分しました。建築業者が原価区分を教えてくれました。
- 私が区分所有物件に投資をしたら、それが新築物件なら15%を給排水設備に、15%を電気設備に配分します。
- 仮に、給排水設備の耐用年数を超えた区分所有物件の場合はいかがか。①償却済みだからゼロと考えるのか、②メンテされ維持されているのだから15%と考えるか。私は②だと思いますが、通常は①で処理するのだと思います。
- ②で処理すると、償却済みの中古資産として耐用年数の２割になってしまう矛盾も生じます。中古の具合にもよりますが、建物の耐用年数も中古資産として短縮されるので①で処理するのが無難です。

2023/02/09

実務に役立つビビッドな話題　**区分所有マンションの賃貸と事業規模**

テーマ　マンションの3LDKの5部屋を購入して賃貸しているが、これは5棟10室基準の事業的規模と考えてよいのか。つまり、5棟なのか、5部屋なのか。

- 5棟10室の区別の基準は所得税基本通達26－9の(1)と(2)ですが、マンションの区分所有部分は、独立した一軒家でも、部屋を並べたアパートとも異なる。
  - ①　貸間、アパート等については、貸与することができる独立した室数がおおむね10以上であること。
  - ②　独立家屋の貸付については、おおむね5棟以上であること。
- 建物の区分所有等に関する法律1条は、「構造上区分された数個の部分で独立」した部分を所有権の対象にしているのだから、区分所有部分は法律上の「独立家屋」でしょう。3LDKの区分所有の5部屋なら5棟です。
- アパートの1部屋は売買の対象にならないし、1部屋は独立した不動産ではなく1つの不動産の一部分にすぎません。しかし、区分所有マンションの1部屋は独立した不動産です。そもそも区分所有法が「独立家屋法」です。
- 区分所有でない建物の22号室も、33号室も単なる「部屋」ですが、区分所有である建物の22号室は「独立家屋」という印象があります。

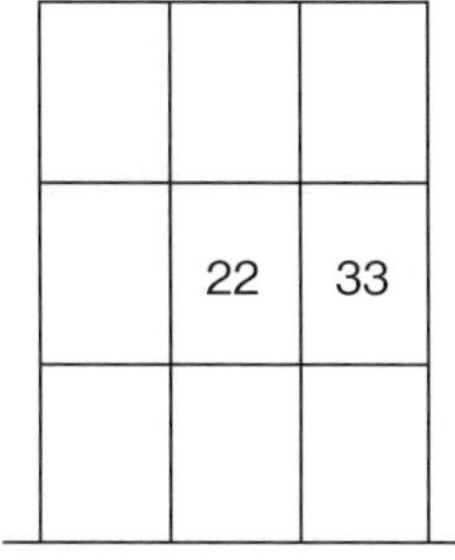

- いや、それだと矛盾が生じます。3LDKの9部屋の一棟建てのビルの全部を所有している場合は9室で、22号室の区分所有部分を

所有している場合は１棟です。

● なるほど。その矛盾が生じてしまうので区分所有部分は「貸間」なのですね。２億円のタワーマンション５部屋を所有する場合でも５棟10室基準では５室になってしまう。

● 所得税基本通達26－９の「社会通念上事業と称するに至る程度の規模で建物の貸付けを行つているかどうか」という実質基準に該当する可能性がありますが、同通達26－９の(1)と(2)の形式基準では２億円のタワーマンション５部屋でも５室と判定されます。

2023/02/10

実務に役立つビビッドな話題 **社長の趣味のランボルギーニの減価償却費**

テーマ　会社が所有するスポーツカーのランボルギーニ。社長宅に置いてありますが、減価償却費の損金計上が否認されそうだ。

● 運送会社でフェラーリを所有していますが、値が下がるものと、下がらないものの判定が難しい。税務調査で指摘事項にならない限りは減価償却資産でいくしかないですね。

● 少なくとも新車の場合は法定耐用年数でしょう。20年経過の中古車に、それなりの値段が付いていたら、ストラディヴァリウスのヴァイオリンと同様に、さらに５年を経過しても同じ値段が付くことが推定されます。しかし、フェラーリの全てに新車価額が維持されたら、世の中にはフェラーリの製造台数が累積されてしまいます。

● しかし、どう見ても社長の趣味でしょう。役員賞与認定を恐れます。

● 社長の趣味でも否認はできないと思います。会社が取得した会社の財産。値上がり益も、値下がり損も会社に帰属するのだから、それについて会社の資産として減価償却をすべきは当然だと思います。趣味部分は使用料を請求することで処理するのでしょう。

● 会社が所有する趣味の別荘と同じで、従業員の使用規定を準備し、実績を作っておかなければ、１年365日について社長に提供されていた趣味の物件として賃料が認定されてしまいます。趣味のランボルギーニも社長宅に置いてあったら１年365日のレンタル料が認定されてしまうような気がします。

2023/02/10

実務に役立つビビッドな話題 **適格現物分配についての配当計算期間の要否**

テーマ　適格現物分配の場合に、受け取った法人において受取配当金は全額益金不算入になりますが、株主の所有期間と配当計算期間の関係は問われないのか（法人税法62条の５第４項）。

● 所有期間が問題になるのは利益剰余金の金銭配当のみです。みなし配当と組織再編は不問です。つまり、①自己株式の譲渡、②適格現物分配、③資本剰余金の金銭配当、④資本剰余金の現物配当については所有期間は問われません。

● なぜ、資本剰余金の配当に所有期間を問わないのか。純資産プロラタ計算で利益積立金の配当部分が登場するのだから、これも金銭配当ではないのか。

● 自己株式の譲渡は、そもそも資本取引であり、配当は計算上の按分であって利益の配当ではない。資本剰余金の金銭配当も、減資払い戻しの計算上の按分であって、利益の配当ではない。だから所有期間は問われません。

2023/02/10

実務に役立つビビッドな話題 **共有不動産の賃貸とインボイスの発行**

テーマ　相続によって３人の共有になった賃貸物件だが、各々に配分される課税売上は500万円程度にしかならない。事業を経営する長男に賃料収入を寄せてインボイスを発行する方法は脱法なのか。

● なるほど。次男と三男が長男に賃貸物件を賃貸し、長男は、それに自己所有部分を加えてテナントに賃貸する。そうすればインボイスを発行することができる。

長男の課税売上	1650万円	
長男の納税額	△90万円	＝1500万円×60％×10％
第２人への支払い	△1000万円	
長男の取り分	560万円	
第２人の取り分	1000万円	
	1560万円	

● 次男、三男の分を含めて、長男が賃貸しても、実質所得者課税の原則で賃料は所有者に帰属するとした判決（大阪高裁令和４年７月20日判決）がありますが、その判決の趣旨に従っても、次男、三男から有償で賃借するのなら文句は言われません。

● 生計一親族への支払いを必要経費と認めない所得税法56条の思想は消費税法では採用されず、逆に、生計一の間の支払いでも「事業として対価を得て行われるものであるときは、これらの行為は、資産の譲渡等に該当する」と定義するのが消費税法基本通達５－１－10です。つまり、３人兄弟が生計一でも理屈は同じです。

2023/02/11

実務に役立つビビッドな話題 **取引相場のない株式に二重価額が存在する理由**

テーマ　10％の株式を所有する少数株主Ｂ社が、80％の株式を有する支配株主Ａ社に持株を譲渡する。法人税法による原則評価は１株1000円で、売買価額は１株300円。この場合は支配株主Ａ社に対して１株700円の受贈益課税か。

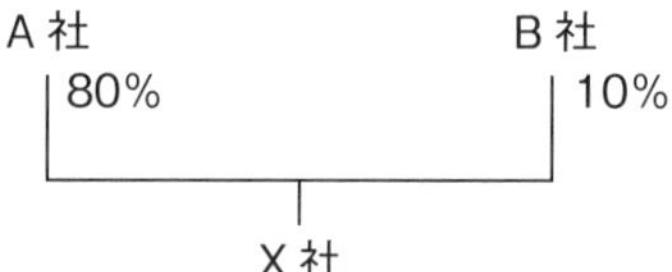

● そのようになるのですが、しかし、「資産の価額は当該当事者間において合意されたところによるものとする」のが税法の原則（所

得税基本通達58－12）です。なぜ、取引相場のない株式の場合は当事者が合意した価額が否定されなければならないのか。

● 土地や建物なら市場の時価があることが前提です。だから税法が求めるべきは市場の時価ですが、その市場の時価は「当該当事者間において合意されたところ」で成立する価額です。しかし、取引相場のない株式は、そのネーミングの通りに市場価額が存在しない株式です。

● そうですね。「取引相場のない株式の時価」という定義は、「時価のない株式の時価」と定義するのと同じ。それにしても時価が存在しなければ税法は機能しない。だから財産評価基本通達で強引に時価を定義してしまっている。

● そして、財産評価基本通達は取引相場のない株式の時価について二重価額を宣言している。支配株主の原則評価と、少数株主の配当還元価額。一方にとっての適正な時価は、他方にとっては安すぎる時価。その安すぎる時価での買い取りに受贈益を認定する。財産評価基本通達が創り出したフィクションの世界です。

● なるほど。仮に、裁判所が時価を宣言し、競売によって売却する場合は唯一の時価がないと困る。その場合はDCFやゴードンモデルなどの株価算定の手法が採用される。しかし、税務の現場では2つの価額を採用することで実務的な整合性を守っている。その矛盾が生じるのが売主の時価と買主の時価が異なってしまうという現象です。

B社（配当還元価額）→A社（原則評価）

2023/02/11

2023年 2 月12日～ 2 月18日

実務に役立つビビッドな話題　**消費税の経過規定を考慮した請求額を逆算する**

テーマ　免税事業者の外注先ですが、得意先が負担する消費税分だけ値下げしていただいて結構だとのこと。

● 経過規定によって最初の３年間は免税事業者からの仕入でも80％の仕入税額控除が認められ、さらに、その後３年間は50％の仕入税額控除が認められる。さて、その場合に免税事業者の意向に沿う請求額はいくらなのか。

令和５年10月 ―― 令和８年９月 ―― 令和11年９月
80％控除　　　　50％控除

● 仮に、下請けに55万円を支払う。この場合は支払う外注費の消費税相当額の８割しか仕入税額控除ができない。つまり、５万円の消費税のうち「５万円×0.8＝４万円」しか控除できない。

● この場合に元請けが損をしない額は元の本体価格を1.02で割れば良いのです。つまり、「50万円÷1.02＝49万0196円」です。

本体価格　490,196円
消費税　49,019円（10％）
仕入税額控除　49,019円×0.8＝39,215円
490,196円＋49,019円－39,215円＝500,000円

● 本体価格をＡとすると「Ａ＋（Ａ×0.1×0.2)」を請求する必要がある。これをＡで括ると次になる。文系でも解けましたが３時間かかりました。

● つまり、次の計算式の展開です。

Ａ×1.1－（Ａ×10％×0.8）＝500,000円
1.1Ａ－0.08Ａ＝500,000円
1.02Ａ＝500,000円
Ａ＝500,000円÷1.02＝490,196円
仕入税額控除　49,019円×0.8＝39,215円
490,196円＋49,019円－39,215円＝500,000円

- 令和８年以降は次になります。

B ×1.1－（B ×10％×0.5）＝500,000円

1.1B －0.05B ＝500,000円

1.05B ＝500,000円

B ＝500,000円÷1.05＝476,190円

仕入税額控除　47,619円×0.5＝23,809円

476,190円＋47,619円－23,809円＝500,000円

2023/02/12

実務に役立つビビッドな話題　**不幸の手紙**

テーマ　いま事務所で仕事中で中身が見られないのだが、知らない弁護士から自宅宛てに書留が届いたと家族が慌てて電話をしてきました。何なのでしょうね。家に帰れば明らかになりますが嫌な気分。

- 弁護士をやっていても、弁護士からの手紙は嫌なものです。それが書留だったら、誰からの、どんなクレームなのかと。弁護士業界にはイソ弁を雇ったと挨拶状を出す習慣がありますが、あれは止めて欲しい。
- いま関わっている相続案件ですが、被相続人は未婚のままに亡くなったので、兄弟姉妹や甥姪が相続人ですが、被相続人が所有していた不動産について相続登記が未了だったり、結構、複雑な状況です。全く親交のない他の相続人に手紙を送りました。
- そういう案内なら良いのですが、弁護士の手紙は、一方的に決めつけてくる。世の中に不幸の手紙というものが存在するとしたら、その発信人は弁護士だと思う。

2023/02/12

実務に役立つビビッドな話題　**父に続いて母が死亡した場合の遺産分割の方法**

テーマ　父が死亡し、分割協議と不動産登記が未了の状態で母が死亡した場合は、母の相続税申告では、父の財産についての法定相続分である２分の１を計上する必要があるのか。

- ３つの視点で検討する必要があります。税法と、民法（家事調停）と、登記手続きです。
- 税法は、第２次相続が開始した後に、第１次相続の遺産分割を行うことを認めています（相続税法基本通達19の２－５）。第１次相続の遺産分割を行って、その土地を子が相続した旨の処理をすれば、母親の相続財産には含まれず、第２次相続に加算する必要はありません。
- 裁判所は、特段の理由がある場合を除き、過去の権利関係の判断を示すことができません（最高裁昭和47年２月15日判決）。現在の権利関係である子２人の相続人の取り分を決めるだけです。その場合でも、税務上は２人の子が父親から直接に相続したという処理が可能です（相続税法基本通達19の２－５）。
- 不動産登記は権利移転の経過を忠実に表記する必要があります。平成16年の不動産登記法の改正で中間省略登記が禁止されました。ただし、相続に関しては母の相続人兼父の相続人として子Ａと子Ｂが遺産分割協議をして２人の子が父親から直接に相続したという処理が可能です。
- 現在の生存相続人が子Ａの１人の場合は、遺産分割協議が出来ないので、この便法が利用できません。しかし、母が死亡した第２次相続が開始する前に、第１次相続の相続人である母と子Ａにおいて遺産分割協議がなされている場合は、遺産分割の事実を子Ａの署名押印で証明すれば、第２次相続を経由せず、直接に子Ａに相続登記が可能という解説を見かけました。

● 平成28年３月２日付の法務省民事局の回答です。第１次相続の遺産分割が為された事実を「遺産分割協議証明書」で証明すれば、権利移転の経過は忠実に登記されたことになる。法務省民事局の回答事案は最終的な相続人である子が１人の場合です。税務の場合も、この理屈を採用して、相続人が子Ａの１人の場合でも第２次相続を経由せず、直接に子Ａに相続させることが可能です。

2023/02/12

実務に役立つビビッドな話題 **介護老人ホームに入居後の留守宅の売却**

テーマ　夫が介護老人ホームに入居し、その後に妻が入居。その後、夫が死亡し、夫の所有家屋（自宅）を妻が相続したが、妻は、これを売却しようと思う。

——夫が施設——妻が施設——夫が死亡——妻が売却予定——

● 妻が入居し、その後に夫が入居したのなら空き家特例が使えますが、その逆だと空き家特例は利用できません。

● 妻が施設に入って１年以内に、夫自身が自宅を売却すれば居住用資産の特例が受けられました。「所有者が当該家屋をその居住の用に供さなくなった日以後引き続きその生計を一にする親族の居住の用に供している家屋であること」。つまり、生計一親族が居住を続ける限りは夫の居住が継続しているとみなすわけです。

● 空き家特例は、本人が介護認定を受けて介護老人ホームに転居し、その時点で空き家にならないと適用はありません。本件では妻が留守宅に残ったのでダメです。

2023/02/15

実務に役立つビビッドな話題　**総勘定元帳を税務署に持っていかれる**

テーマ　税務調査2日目の帰り際に、調査対象期間3期分のうち、直前期と直前前期の総勘定元帳を預かりたいと言われた。総勘定元帳を税務署に持っていかれるのも気持ち悪いので断りたいが、これを穏便に断る方法はあるか。

● コロナ禍で調査を断ったら帳簿を預からせてくれとの要望。1週間の預かりが、1ヶ月、2ヶ月、3ヶ月と延びて、結局、期間損益の指摘事項が1つだけ。預けてしまった方が気楽です。調査に立ち会うのも面倒ですし、会社側の担当者に質問できなければ調査なんて出来ません。

● 私も内心では嫌だなと思ったのですが、ほとんど指摘事項はありませんでした。調査担当者との打ち合わせのため税務署を訪問した際に、提供した元帳に無数の付箋が張り付けてあるのを見ました。私のケアレスミスもそれなりにあったと思うのですが、帳簿だけ見てもこちらのミスは見つけられないのだと思いました。

● 帳簿は預かって貰う。そのような時代に進化して良いのではないかと思っています。目の前で調べさせるという牽制効果に期待する時代ではないと。

● デメリットは、税理士でも不安を感じるのに社長が納得するだろうか、税理士が仕事を放棄しているように思われないだろうか、持ち帰って調査をしたら効率的という理屈があるだろうか。

● 税務署にいたときの経験では9割ぐらいは持ち帰って良いといわれる印象ですが、税理士や会社が持ち帰りはダメと主張したら、「それでは、再度、帳簿を拝見しに改めて訪問して調査させていただきます」と説明すると、多くの税理士は持ち帰りに同意します。

● そんな強気の税務職員を見たことがありませんが、しかし、9割の税理士が持ち帰りに同意しているのは驚きです。私の印象では1割もないと思います。ただ、持ち帰りの方がメリットが大きい。税務調査に立ち会う必要がないことと、帳簿を持ち帰っても説明者がいなければ仕事がはかどらないと思います。

2023/02/15

実務に役立つビビッドな話題　**第三者間の取引について低額譲渡の認定の可能性**

テーマ　固定資産評価額1000万円の不動産（建物と土地）を100万円で個人が購入した場合には贈与税の申告が必要になりますね。

● 贈与をするような関係性がない第三者間の取引では合意した価額が時価です。所得税基本通達58－12は、交換特例についてですが、「その合意された価額が通常の取引価額と異なるときであっても、法第58条の規定の適用上、これらの資産の価額は当該当事者間において合意されたところによるものとする」としています。

● ただし、「交換当事者間において合意されたその資産の価額が交換をするに至った事情等に照らし合理的に算定されていると認められるものであるときは」と限定しています。当然の事ですが。そして本件で10分の１の価額で売却される理由が問題です。いや、世の中にはゼロ円でも売れない土地があります。

● 第三者間の取引について贈与税を課税した判決があります。しかし、これは正常な取引ではないような気がします。さいたま地裁平成17年１月12日判決ですが、原告（納税者）は代金1500万円で買い受けたが、被告（課税庁）は本件土地の時価を7090万円余と評価し、裁判所での決定額は4513万円という事案です。

● 判決の事案は当事者が特定されますので、風評的な論評は行えないのですが、売主に対して、多様な意味で買主がプロだった事案という印象を受ける取引です。この事案以外に、第三者間の取引について、取引価額を否認した事案を聞きません。

● 要するに、固定資産税評価額の10分の１で売却した事情。その事情が贈与、あるいは詐欺錯誤などの理由がある取引なのか、あるいは売れない土地だったのか。その辺りによって判定が異なってきます。

2023/02/16

2023年２月19日～２月25日

実務に役立つビビッドな話題　**遺留分対策としての除外合意と遺留分放棄**

テーマ　同族会社の株価が４億円程度で、その他の財産はあまりなく、事業承継税制で生前贈与を希望だが、さすがに遺留分について何とかしないとまずいと思う。「中小企業における経営の承継の円滑化に関する法律」の遺留分の除外合意が良いと考えているが、民法に基づく遺留分の放棄の方が良いのか。

● 円滑化法に基づく除外合意は、合意が前提なので、新たな相続人が出現すると合意が無効になってしまう。仮に、養子縁組があった場合です。民法相続編の遺留分放棄の方が安全で、さらに株式に限っての遺留分の放棄が良いと参考書には書いてある。ただ、民法相続編の遺留分の放棄は、自身が相当の財産の贈与を受けて遺留分は確保されているということが前提です。

● 円滑化法の除外合意を経験した方は少ないと思う。つまり、誰にも経験のない処理なので税理士がやっても良いと思います。ただ、代理人税理士ではなく、本人名の申請です。しかし、10年後の相続で無効原因が見つかると、損害賠償額は青天井なので、手数料も取れない処理は弁護士に回してしまうのが生き残りの知恵です。

2023/02/22

実務に役立つビビッドな話題　**隣地を買い取る場合と評価単位**

テーマ　弟が所有する宅地を兄が買い取る。弟にしてみたらいくらでも良いから買い取って欲しい。その場合の時価は次のいずれなのか。①弟宅地の単体評価、②弟と兄の宅地を合算して評価して面積割り計算をする。

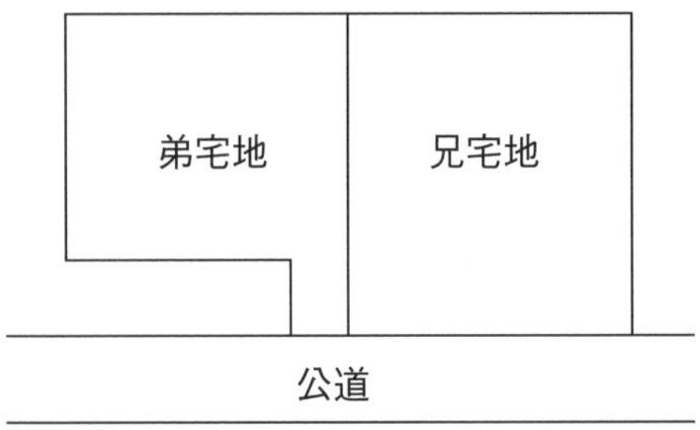

- 贈与税が課税される場合なら①の宅地の路線価評価です。遺産取得者課税なので、兄が確保する坪単価は②だが、しかし、兄が所有する資産を合算して評価してしまったら、弟が所有する資産価値以上の贈与税課税になってしまう。
- 負担付贈与通達が、現時点でも適用されているとすれば、弟宅地の評価は、路線価評価ではなく、時価評価になります。ただ、その場合も弟の土地の単体評価です。しかし、いまでも負担付贈与通達が実務で適用されているのか、廃止されていない以上は現場の税務職員は、この通達を持ち出すと思います。
- いくらでも良いから引き取って欲しいというのが弟の希望ですが、仮に、路線価評価1000万円の宅地を400万円で引き取って貰うと、時価評価1500万円との差額1100万円に贈与税が課税されてしまう。負担付贈与通達はバブル時の節税対応税制なので廃止して貰わないと不自由します。

2023/02/22

2023年２月26日～３月４日

実務に役立つビビッドな話題　**110万円の贈与の二重適用を許す趣旨**

テーマ　贈与税制の改正ですが、次のように理解すれば宜しいですか。

①　相続時精算課税を利用して110万円贈与を実行する。

②　７年内加算を覚悟して110万円の暦年贈与を実行する。

③　相続財産を取得しない子の配偶者や孫に110万円贈与を続ける。

- ①と②は同時に適用することが可能なのですね。つまり、次のような利用が許されてしまう。

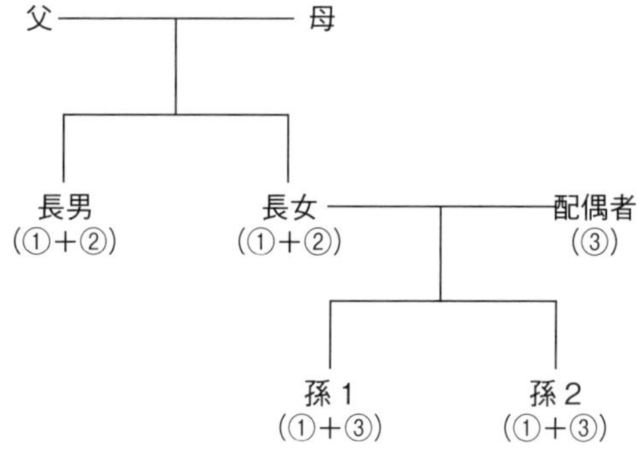

- ①と②の同時実行が可能だとしたら各人に１年について220万円の贈与が可能になる。この相続関係だと、両親は１年について110万円×９＝990万円までの贈与が可能になってしまう。
- 税法の矛盾が気になります。その矛盾から見える立案担当者の思想がおもしろい。なぜ、相続時精算課税では110万円が無税なのか。通常贈与と合わせて220万円まで優遇する理由と、孫に対してなら７年内加算をしないという課税漏れの改正税法。
- 贈与による節税を防止する趣旨が７年内加算だと思うのですが、①による課税漏れを許し、③による脱法を許す。
- 優秀なる国税側の立案担当者ですから、そこには立法趣旨があるはず。その趣旨が読めないと落ちつきません。

2023/02/28

実務に役立つビビッドな話題　**共有者が死亡した場合の共有持分の取得**

テーマ　父から相続した兄弟3名の共有の土地があり、末弟が亡くなったが、末弟は債務超過の状態なので、私たち2人の兄弟は相続を放棄した。共有者の死亡として、末弟の共有持分は私たち兄2人の所有になるのか。

● 民法255条ですね。「共有者の1人が、その持分を放棄したとき、又は死亡して相続人がないときは、その持分は、他の共有者に帰属する」となっている。しかし、共有者が債務超過の場合に、債権者を出し抜いて、他の共有者が共有持分を手に入れてしまうのは不合理です。

● 判決があります。特別縁故者がいる場合は、共有者より縁故者が優先するという判決です。だから債権者がいる場合は債権者が優先します。

● 最高裁平成元年11月24日判決です。「共有者の一人が死亡し、相続人の不存在が確定し、相続債権者や受遺者に対する清算手続が終了したときは、その共有持分は、他の相続財産とともに、法958条の3の規定に基づく特別縁故者に対する財産分与の対象となり、右財産分与がされず、当該共有持分が承継すべき者のないまま相続財産として残存することが確定したときにはじめて、法255条により他の共有者に帰属することになると解すべきである」

● 債権者に弁済し、受遺者に遺贈し、特別縁故者に給付すれば、その残りは国に帰属する。その段階に至って、国への帰属に優先し、共有者が共有持分を取得することができる。その順番ですから、共有者が債権者に優先することはありません。

● 誰も、相続財産清算人を選任せず、相続財産が、そのまま放置されてしまった。そして5年、10年と年数が経過し、債権が消滅時効になって消えてしまう。その場合なら共有者が共有持分を取得することができる。そのような理屈です。

2023/03/02

実務に役立つビビッドな話題　**合資会社の社員に相続が発生した場合の登記手続き**

テーマ　合資会社の無限責任社員に相続が発生した。相続人の中のＡが持分を承継することに相続人間の合意が整っているのだが、Ａを承継人とする社員の変更登記ができないという。

- 会社法608条で「持分会社は、その社員が死亡した場合又は合併により消滅した場合における当該社員の相続人その他の一般承継人が当該社員の持分を承継する旨を定款で定めることができる」としているので、定款に、この規定があればＡが社員の地位を承継できると思う。
- いや、登記手続は認められません。「合資会社の有限責任社員が死去した場合において、共同相続人中の１人が社員となることの遺産分割の協議が成立したとき、その者のみの入社の登記は受理することができない」とするのが登記先例です。「無限責任社員が死亡したときは、その相続人が当然入社する」旨の定款の定めがある場合でもダメです。
- 社員が死亡したときは、相続人は、相続を放棄をしない限り、法律上当然に社員として入社するので、共同相続人間の遺産分割契約により相続人の一部が会社出資金の全部を取得した場合でも、その者のみの入社登記は受理できないとするのが登記先例です（登記関係先例集上1093頁）
- 「相続人が相続により当然に社員となる旨の定款の定めがある場合、会社法608条２項により相続開始の時から当然に社員となることとなるから、もし相続人が社員となることを欲しないのであれば、限定承認または相続の放棄をするよりほかない」と解説するのが『会社法コンメンタール』（商事法務）14巻240頁です。
- この場合は共同相続人全員の社員への加入の登記を行ったうえで、遺産分割協議で定めた承継者に他の相続人全員の持分譲渡の登記をおこない、他の相続人の退社の登記をしなければならない。
- しかし、登記上の手続きがそうだとしても、会社法の作りとして不合理です。社員は死亡が退社理由であって、相続人が自動的に社員としての義務を承継することはありません。ただ、無限責任社員が死亡した場合は、相続人が、無限責任社員としての責任を承継しますが、有限責任社員が社員の責任を承継することはありません。相続人は退社に伴う出資金の払戻請求権を取得するだけです（会社法611条）。

● なるほど。社員の地位の相続と考えるから登記手続きができない。社員の退社と、新たな社員の加入と処理すれば登記手続に支障が生じることはない。その場合でも、実態が出資持ち分の相続であれば、税務は、出資持ち分の払い戻し（配当）と、新たな出資とは認定しないはず。ただ、経験事例ではないので、具体的な事案が生じた場合の検討課題としての限度での議論とします。

2023/03/02

実務に役立つビビッドな話題 **役員への就任をチャンスに従業員退職金を支払う**

テーマ　今まで従業員として勤務していた社長の妻を取締役に就任させて、使用人の在職期間に見合う退職金を支給する。これには課税上の問題があるか。従業員時代からみなし役員だと言われると困る。

● 利益が出たとき利用する手法で、何回も経験し、税務調査も受けていますが、質問も受けず、話題になったこともありません。私はこの退職金の損金チャンスを生かすべく、法人設立にあたっては初めから妻や子を役員にはしないことにしています。

● 退職金の支払いのチャンスは次のようになります。①の処理が法人税基本通達９－２－36の「使用人が役員となった場合の退職給与」で、②の処理が同通達９－２－37の「役員が使用人兼務役員に該当しなくなった場合の退職給与」です。③の処理が役員退任時に従業員時代の退職金を併せて支払う方法です。

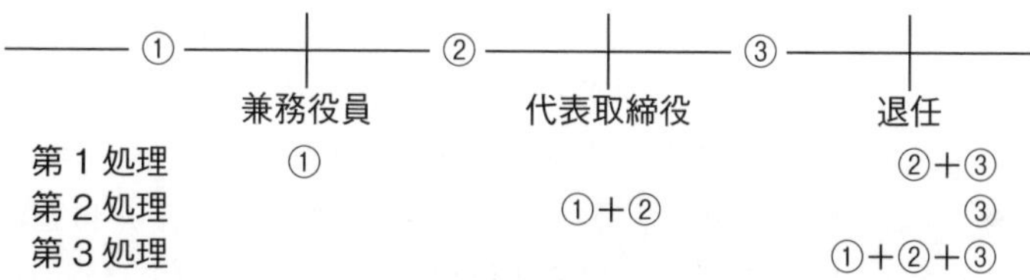

- ただ、通常は③の処理だと思います。会社で働き続けている限りは退職金を受領することは想定しないし、思いつきもしない。だから最後の最後の退職時に③の処理をする場合が多いと思います。
- そうしたら①の処理、②の処理をアドバイスしなくても税理士のミスとは言われませんね。法人税の節税のために、①の処理、②の処理を実行し、従業員を役員に引き上げて、退職金を支払うという節税手段が利用できる場合があるという例外的な処理と位置づける。上場会社であれば①や②の時期に従業員退職金を支払いますが、中小企業では兼務役員への昇進も、代表取締役への昇進も退職とは認識しません。

2023/03/02

実務に役立つビビッドな話題　**遠隔地の病院で治療を受けるための交通費と宿泊代**

テーマ　がんの治療のため地方から東京の病院に通院しているが、年間の交通費が20万円。「医師等による診療等を受けるための通院費」（所基通73－3）として医療費控除の適用を受けようと思う。

- 文書回答事例は「病状からみて近隣の病院でも治療できる場合の自宅と遠隔地にある病院の間の旅費は、医師等による診療等を受けるため直接必要なもので、かつ、通常必要な費用には当たらないので、医療費控除の対象とはなりません」と解説している。
- 遠隔地の病院に通う必要性の問題です。通常の保険診療なら地元で受けられるはずです。しかし、命に関わる病気、仮に、がん治療のための遠隔地の病院の通院費について、「診療等を受けるための直接必要な費用」に該当しないとは言わない。それが地元でも受けられる標準治療だとしても、より症例の多い大病院で治療を受けたいと思うのは当然です。
- では、宿泊費はいかがか。交通費なら、仮に、家族に付き添ってもらって、グリーン車を利用しても限度額のある支出なのでOKとして、ホテルのグレードはピンキリです。
- 「診察時間に間に合うように前日に上京し、ホテルに宿泊したその費用は、病院等に支払う入院費でもなく、診察のための通院費とも考えにくいので、医療費控除に含めるのは無理だと思われる」という解説があります。

● これはOB税理士による無難な回答でしょう。実際にはホテルのスイートルームに泊まる場合は別として、普通のホテルの宿泊費が否認されることはない。いまどき交通費はOKで、宿泊費はダメという切り分けはないと思う。治療を受けるために必要な宿泊費なら医療費控除に加えるのは当然です。

2023/03/04

2023年 3 月 5 日～ 3 月11日

実務に役立つビビッドな話題　**相続税の税務調査の割合**

テーマ　日本経済新聞（令和５年３月５日）の「マネーの本棚」に相続税の税務調査が取り上げられていた。

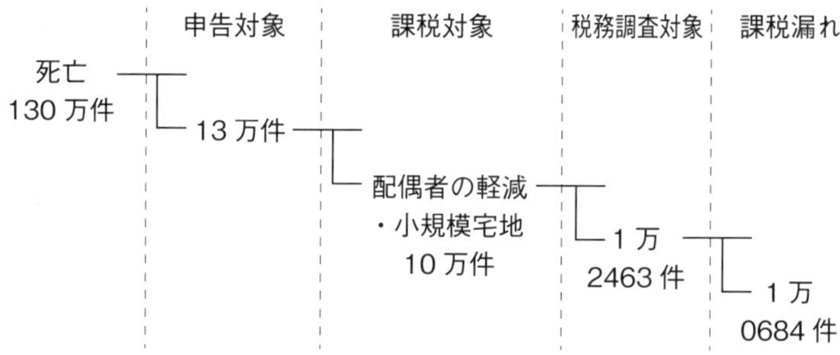

● 死亡者数の１割が申告対象で、その１割が調査対象。その85.7％に申告漏れが見つかる。申告漏れ等の財産の額は１件当たり平均2838万円。

● 税理士には母数が分かりませんので、そのように説明されれば、その通りだと思います。基礎控除の引き下げの前の調査率はもっと高かった。その時代の相続税は基本的に税務調査の対象という印象がありました。いま申告規模が小粒になって税務調査の割合も激減しました。

● 税理士に必要なのは申告件数に対して10％が調査対象。しかし、小粒の申告は調査の対象外でしょうから、納税額が1000万円を超える相続が調査の対象。相続税率が10％の人たちの調査では増差税額が稼げません。

● 税務署の否認事項は名義預金で、国税庁の否認事項は名義株。その辺りが存在しない土地を中心とする相続での調査対象は、それなりの資産を持つ人たちが多いと思う。

● 亡くなった方の10％が申告対象で、調査対象は、その10％。しかし、税務調査が来れば85％で修正申告。そのような数字を覚えていれば相続人との雑談に役立ちます。

2023/03/06

2023年 3 月12日～ 3 月18日

実務に役立つビビッドな話題 **申告書の控えを関与先に渡す方法**

テーマ　確定申告の控えですが、従来は普通に紙で渡していたが、このままでよいのか。必要ならダウンロード出来ますと説明できたらよいなと。

- 法人顧問先に対しては、決算時には、申告書、総勘定元帳をDVDで渡していますし、所得税申告分も同様にDVDで渡しています。
- 紙でほしいというお客さん以外はデータで渡しています。メールでよいという方はメールで送っています。
- 私は数年前からお客さんによっては、確定申告書の控えのPDFをネットで送っています。
- 紙に打ち出さないと、わざわざディスプレイでは見ないと思う。見ていただかないと相互の誤解が生じる。仮に、パソコンに差し込んでくれてもディスプレイで表示するのは1頁に限ります。
- 顧客の年齢等にも影響を受けるので正解はないのですが、高齢者だと紙で渡さないと「銀行に申告書を見せたいが、申告書がまだ来てない」とか言われたりします。若い顧客は嵩張らない方を喜ぶはずです。
- 紙で渡すから報酬が取れると信じて、スタッフが懸命に出力作業を開始して送付しています。納税申告業務ではなく、納税申告書の控えこそが税理士が作り出す商品です。商品を顧客に渡す方法で手抜きすることなど想定できません。

2023/03/14

実務に役立つビビッドな話題 **別の事業を開始する場合の費用を開業費として繰り延べる**

テーマ　個人で建設業を経営する関与先だが、そこがレストランを始める。OPEN前のレストランの経費は開業費になるのか。

- すでに事業所得を生ずべき事業は開始しているので、2事業目、3事業目の準備にかかる費用を繰延資産にするのは無理です。レストランが良いのなら、コンビニ業はどうかという議論になってしまいます。

- 開発費は実質的に試験研究費ですが、開業費は事業所得の開業の為の準備費用。既に事業所得を経営している者は、支出年度の必要経費処理が可能ですから繰延勘定にはなりません。
- その逆が所得税法63条の「事業を廃止した場合の必要経費の特例」です。寿司屋が貸金業を経営していたが、貸金業を廃業し、廃業による追加費用が発生した。私は、廃業した場合の持ち戻して必要経費とする処理を想定していたが、仲間の知恵袋に聞いたら「寿司屋と貸金業」の必要経費は区分しないと。
- 弁護士が、税理士業を開業した場合も、収支は区別しません。事業所得としては一本ですから、税理士業の開業費用や、事業を廃止した場合の必要経費を区分しません。

2023/03/14

実務に役立つビビッドな話題

ふるさと納税の返礼品について一時所得を申告すべきか

テーマ　ふるさと納税が数百万円になって、一時所得の申告をした方がよいと思うのですが、納税者があまり乗り気ではありません。皆さん、いくらくらいから申告していますか。

- ふるさと納税が200万円なら、その30％の60万円。一時所得の特別控除額50万円を差し引いた金額の２分の１が課税所得で５万円。400万円を超えたら120万円。この辺りから気にすれば良いと思います。つまり、課税所得9000万円からでしょう。
- 返礼品率が30％として、それに60％を乗じて良いのか。つまり、所得税基本通達205－９（賞品の評価）の「通常の小売販売価額（いわゆる現金正価）の60％相当額」です。
- 裁決は６掛けを認めていません。令和４年２月７日裁決は「原処分庁認定額に60％を乗じた価額とすべき」とする納税者の主張を否定しています。「返礼品はそもそも事業の広告宣伝のための賞品ではないから、当該賞品の評価に関する課税実務上の取扱いに基づいて本件各返礼品を評価すべき旨の請求人の主張を採用することはできない」

- 関与先には、高額な寄附者で一時所得を申告していない納税者がいますが、税務署から連絡はありません。つまり、税務署の常時のチェック項目でも、KSK の自動抽出システムの対象でもない。事業所得について調査対象に選ばれる業種なら神経質になりますが、給与所得者が神経質になる課税関係ではないと思います。

2023/03/15

実務に役立つビビッドな話題 **相続税の納税後の預金を均等で相続する遺産分割**

テーマ　相続財産が土地と預金で、相続人は長男と次男。遺産分割協議書では「土地は長男が取得し、預金は相続税を支払った残額を等分で取得する」となっている。しかし、預金を均等の共有で相続税を計算すると兄弟間に600万円の差額が生じる。この差額を補填したら贈与になってしまうのか。

- 兄が預金 XXXX 円で、弟が預金 YYYY 円を取得し、そこから各人が相続税を納税したら、預金の手取額が同額になる計算は可能です。
- 相続税を納めた後の預金の分割は、代償分割の合意ですから、相続税の申告書では「代償金」で調整すれば良いと思います。
- 方程式でも解けると思いますが、相続税の申告書ソフトで、預金は均等に相続し、その後、兄が代償金を受領し、弟が代償金を支払う。代償金額を調整すれば相続税額が変わる。相続税額が変われば代償金を調整する。

	兄	弟	
預金	2000	2000	
相続税	▲ 700	▲ 200	← 循環計算
代償金	250	▲ 250	
手取額	1550	1550	

- 相続税を納付した残りを分割するという合意も、兄が相続税の全

額を負担するという合意も、代償分割の合意ですから、遺産分割協議書は、そのままの内容で良いと思います。必要なのは代償金を計上することで、代償金を差し引きした後の手取額が一致する均衡点を求めることです。

2023/03/15

実務に役立つビビッドな話題 **相当の地代の改定方法に関する届出書の提出のない相当地代**

テーマ　100％親会社から工場敷地を相当地代を支払うことで賃借している。しかし、「相当の地代の改定方法に関する届出」（法人税基本通達13－１－８）は未提出だ。これが未提出なことでなにか影響がでるのか。

●　まず、大前提として、当初に採用した地代の算定方法は、①通常の取引価額、②近傍類地の公示価格、③財産評価基本通達によって計算した価額、④財産評価基本通達による価額の過去３年間における平均額をもとに年６％が算定されます。そのいずれかを採用し、実際に支払われる地代が次のような変遷をたどった場合の取り扱いに違いが生じます。

●　「相当の地代の改定方法に関する届出」が未提出の場合は、実際地代が相当地代を下回った時点で自然発生借地権が発生してしまう。その後の賃料改定で借地権が消えてしまうのも不合理です。

●　次の場合は、そもそも相当地代通達の適用がないのです。現時点で相当地代でも、契約の当初が相当地代ではない場合は相当地代通達の適用はありません。

年6%

実際地代

- 相当地代か否かは契約当初の状況で判定する。しかし、契約の当初に遡って、それが相当地代か否かを判定することは通常は困難で、さらに、契約途中で実際地代が相当地代を下回って自然発生借地権が発生しているか否かを判定するのも通常は不可能。
- 「相当の地代の改定方法に関する届出」が提出されていれば、相当地代を前提にした借地権評価がなされますが、これが提出されていない場合は通常地代を支払った場合として借地権が計算されてしまう。それを防止するのが「相当の地代の改定方法に関する届出」です。
- 「相当の地代の改定方法に関する届出」が提出されていれば、途中年度では地代の認定課税が行われ、明け渡し年度では借地権がゼロと評価されます。しかし、この届出がない場合は、契約当初の事実が立証された場合を除き、通常借地権に変質してしまいます。つまり、借地権を発生させたくないのなら無償返還届（法人税基本通達13－１－７）の提出が必要です。

2023/03/15

実務に役立つビビッドな話題　**グループ法人税制が適用される無利息融資の処理**

テーマ　親会社が100%子会社へ多額の無利息融資を行う。グループ法人税制があるので問題ないと思う。認定利息や寄附金、受贈益の決算書への表示も不要と考えてよいのか。

- 税務上は認定利息の計上が必要です。このあたりの課税関係は、現金を介在させると理解しやすい。つまり、利息がいったんは親会社に現金で支払われ、その現金を子会社に寄附（出資）したという二重の仕訳を行うことによって理解します。

親会社の仕訳　……

現金	300万円	/	受取利息	300万円
寄附金 (損金不算入)	300万円	/	現金	300万円

子会社の仕訳　……

支払利息	300万円	/	現金	300万円
現金	300万円	/	受贈益 (益金不算入)	300万円

- グループ内では、出資と配当を利用し、あるいは組織再編成を使っても資産と資本の部を自由に移転できる。それらに加えて寄附金税制を利用して資産をグループ内で移動することは自由に実行してよいが、損益を別法人に付け替えることは禁止する。
- 無利息の場合も利息相当の利益を相手に移動するという損益の付け替えは認めない。
- グループ法人税制は、再編税制と同様の資本取引なので損益は移動できない。寄附金について損金処理と、受贈益について益金処理を認めると、グループ内での損益の移動が可能になってしまう。それを防止するのがグループ法人税制の中の寄附金税制です。
- 税務は「無利息貸付け」を認めないだけであって、それを会計に反映させる必要はない。さらに無利息貸付を認めないのは法人税法だけで、消費税法は認定利息など計上しない。
- 会社法上は疑問です。配当可能利益の制限を受けない親会社への寄附金税制。制度として、どのような位置づけなのか。取締役の任務懈怠や、詐害行為になってしまう場合など、税法判断のみで多額の寄附をすることは避けるべきです。

2023/03/17

実務に役立つビビッドな話題　**ミスをした場合は賠償すべきか**

テーマ　税理士のミスで余分に納めた納税額が40万円弱。更正の請求をして申告内容を再調査されるのも嫌なので、このまま私が賠償する

という方向で納税者に提案しようと思う。

- そもそも自分のために仕事をしてくれた方に40万円は請求しません。仮に40万円を税理士に請求してきたら、その程度の方であって、来年からの仕事のエネルギーが失せます。
- 欠損金の繰戻し還付を失念したことがあります。税理士職業賠償責任保険が支払われる見込みだったのですが、「先生に賠償請求などしません。どうでもいいですよ」と言ってくれて、結局、賠償保険の請求も弁償もしませんでした。
- 数万円の過少申告でも修正申告し、数万円の過大申告でも自分のミスなら弁償する。なぜ、税理士はそこまで真面目なのか不思議です。私は少額の過少申告のミスは（時には多額でも）放置です。
- 税理士が注意義務を尽くしていた場合であっても、完全に誤りのない確定申告書を提出することは不可能です。常に小さなミスをしながら、大きなミスをしないのが職業専門家の義務。そこで小さなミスまで拾い上げていたら税理士業は成り立ちません。
- 過少申告の際は顕在化せずに納税者がメリットを得る。逆に、過大申告の際には税理士が負担する。それも不合理です。多少のデコボコは生じるのが現実の税務申告です。その程度はご容赦を頂くのが現実的なお付き合いだと思います。
- 私なら賠償を求めませんし、賠償もしません。顧客とは運命共同体。俺の責任、お前の責任という関係にはない。そんな関係では仕事が出来ません。いや、そんな関係なら無難な処理しか出来ません。
- 私たちは揃って気が小さく依頼者に損失を与えたことを思い悩む。それは自分自身を育てるために良いことですが、ただそれをダイレクトに依頼者に示してしまうと、逆に専門家の気の小ささについて不安を与えてしまう。小さなことを気にしない大物を演じるのも専門家の義務です。

2023/03/17

実務に役立つビビッドな話題　**ミスをした場合は賠償すべきか　その2**

テーマ　税理士のミスで余分に納めた納税額が40万円弱。更正の請求をし

て申告内容を再調査されるのも嫌なので、このまま私が賠償するという方向で納税者に提案しようと思う。

● 普通の庶民だったら、税理士のミスなら賠償が当然だと思います。そうでなければ納得しないでしょう。加算税は税理士が負担すると説明し、住所印を押して切手を貼った封筒を渡しています。加算税の納付書を必ず送ってきます。

● どんな商売をしていても、損害賠償をするという場面って、ほとんどゼロだと思います。魚屋、八百屋、乾物店、ケーキ屋はもちろん、不動産仲介業、弁護士業、会計士、医者、歯科医、美容院。なぜ、税理士業界では賠償の話が飛び交うのだろう。

● そもそも会社自体は常にミスをしている。法人税の調査でも何かを見つけていきます。相続税では調査をすれば85.7%から過少申告が見つかる。いや、逆に、相続税の調査を受けない側にも40%ぐらいの過大申告がある。見直し税理士に聞いたら100%ですと豪語していました。

● なぜ、税理士業界は賠償の話が満ち溢れているのだろう。普通の仕事は、自分と顧客との関係で完成する。しかし、税理士業は、それだけでは完成しない。その後に税務調査という相手方（敵方）が登場する。そうしたら勝敗は５分と５分、いや、２分と８分。そこに税理士のミスがなければ良いが、しかし、過少申告の多くは発見可能だと思う。

● 過少申告もあり、過大申告もある。丁度真ん中の申告なんて神様でなければ不可能。それを理解させることが出来ていないだけだと思います。加算税のトラブルを起こしたくなければ過大申告を続けること。賠償意識が税理士の過大申告意識を生んでいる。つまり、信頼関係と度胸のない税理士です。

● 特例の適用漏れとか、添付書面の失念とか、ケアレスミスと、それ以外のミスは違うと思う。しかし、どんなミスでも、露見してしまえばケアレスミスですね。Ｈ３ロケット打ち上げ失敗でも、原因が解明されれば、ケアレスミスだと思います。

● 人様の税金というお金を扱う仕事。ちょっと関係ないだろうというような規定も検索して臆病に処理をしてきたつもりです。しかし、特に確定申告の時期は、最終確認のための前年比を見て、昨年の間違いを見つけてしまうことも珍しくありません。それでも、税賠保険によって最大でも30万円を覚悟すればよいやと、納税者に説明をして一件落着に持っていくことを解決策としてきました。でも、違いますね。「調査して還付」なんて行為を喜ばない顧客、気にしないで、これからもお願いしたいと言ってくれる顧客も確かにいます。

● 顧客にとってあまり関心のないことに、細かい対応をしてしまっているケースもあると思います。税理士は１円も違わずに税金を計算できるという妄想に自分が陥っている。安易に自分が早く楽になりたいと解決を急いでいましたが、一律にお金で解決するのではなく、場合によっては間違えてしまった記憶を自分の中に抱え込むことも含め、自分と顧客の間に築いてきた関係に基づいて判断すべきと思いました。

2023/03/17

2023年 3 月19日～ 3 月25日

実務に役立つビビッドな話題　**ビンテージカーは減価償却資産**

テーマ　フェラーリは減価償却資産なのか。この頃、中古自動車の販売価額が上昇して、乗用車の売却事例が気になる。東京地裁令和５年３月９日判決は減価償却資産と判断した（税のしるべ　令和５年３月17日）。

● 納税者は平成27年から28年にかけてフェラーリを売却した。①平成９年に購入したフェラーリ F50の購入価格5400万円で売却価格は１億3500万円。②平成４年に購入したフェラーリ512TR の購入価格は2000万円で売却価格は2300万円。値上がりする車なのですね。

● 「使用又は期間の経過により減価」する資産か否か。「個別具体的な事情や納税者の主観的な意義付けを離れ、その類型ごとに社会通念上想定される本来的な目的や機能という観点から判断すべきで、納税者が購入した目的や実際の売却価格といった事情が直ちに同減価しない資産といえるか否かに影響するわけではない」と判断するのが地裁判決。つまり、乗用車は常に減価償却資産です。

● ストラディヴァリウスとは違うのか。「時の経過とともに歴代の演奏者の個性を加え、その実用的な機能（楽器としての演奏効果）にも深みが増すものと一般に評価されているという稀有な性質がある点で、原動機の性能の経年劣化を避けられない自動車とは異なる」「ストラディヴァリウスは現に200年以上にわたり一流のヴァイオリンとしてその価値が社会通念上も確立しており、骨とうと称するのに十分な長期間を経てもなお高い価値を維持しているといえる」

● ビンテージカーも減価償却をする。家事用に使用するビンテージカーは税務的には非常に不効率な投資になってしまう。機械式で動く高級時計も理屈は同じ。長期譲渡所得にして２分の１課税にするのが唯一の税務上の対策です。

2023/03/19

実務に役立つビビッドな話題　**課税売上割合に準ずる割合の届出の実務**

テーマ　年度末直近に土地の売却があった。非課税売上は利息収入に限り、

課税売上割合は99.99%の会社だが、土地の売却で課税売上割合が97.97%になってしまう。

- たまたま土地の譲渡があったことで課税売上割合の変動があった場合は「課税売上割合に準ずる割合」の承認を受けることで、過去3年間を通算した課税売上割合と、前年の課税売上割合の低い割合を適用することができます。
- この申請を蹴られた経験がある。「たまたま土地の譲渡があった場合」の要件はキッチリと決まっている。①事業の実態（業種など）に変更がなく、②過去3年の最も高い割合と最も低い割合の差が5%以内が要件だが、私の場合は前期98%、2期前91%、3期前94%という感じで②の要件を満たせなかった。課税売上割合がコロコロ変わる会社はダメです。
- この申請には事実関係を説明する証拠書面の添付が必要です。土地の売買契約書を添付することと、売買契約が履行されたことを証明する登記簿謄本。過年度の課税売上割合を示す過去の申告書の当該頁の写し。
- 承認申請は課税期間の末日までに提出して1ヶ月以内に承認を受ければokです。年度末の3月31日に売却が実行される場合は取引予想に基づいて承認申請をすることになります。納税者との意思の疎通に欠けていると税理士賠償責任保険の対象になってしまうので危険です。私の事例は99.99%が97.97%ですが土地の売却価額が大きい場合は恐怖です。
- 税理士をやって顧客が100社だとして3年に1度はこの届出をしているのか。事業会社で土地を所有している会社は、それなりの規模の会社という印象です。そして、その土地を売却するのは、リストラか、移転か、特殊な事情です。顧問が100社として、5年に1度くらい、この届出を行っています。
- 私は、税理士登録をして20年で5回くらいです。同じ会社で2回あります。税務署に聞いたところでは担当部で4000件の法人を管轄しているが、この処理は1年に2件から3件。ゼロということはないという説明でした。土地を売却する事案が少ないのか、税理士が、この手続についての知識がないのか。

- 決算が過ぎてから税理士が知る場合が10%、決算作業中に届出が可能だったことを思い出す場合が30%、そもそも届出制度の存在を知らない場合が60%。税理士が知らない、納税者はもちろん知らない、税務署は気づいてもスルー。税務調査で気づいても納税者の前では指摘しない。税理士が交代しても後任の税理士も気づかない。税理士職業賠償保険等で表に出るのはミスの５%もないだろう。
- 課税売上割合に準ずる割合を利用する場合は、一括比例分配方式から個別対応方式への変更が必要です。準ずる割合の適用承認申請の用途は二つで、①使用人の数または従事日数の割合など継続的に適用する場合と、②たまたま土地や有価証券の売買があった場合の１年間に限り適用する場合です。①と②が同じ手続きなので、制度の趣旨である①の処理の為に個別対応方式の選択が必要になります。さらに、②で利用した場合は翌年度に「課税売上割合に準ずる割合の不適用届出書」の提出が要求されます。不適用届を提出しないと、その後の事業年度でも届出の効果が維持されてしまうからです。

2023/03/20

実務に役立つビビッドな話題　**法定相続情報証明制度体験記**

テーマ　遅ればせながら法定相続情報証明制度を体験してきました。被相続人の出生から死亡までの戸籍謄本や除籍謄本が必要なことは当然ですが、それに加えての２つの書類を作成する必要があります。

- 法務局のサイトに「主な法定相続情報一覧図の様式及び記載例」があって、それが１つ目の書類です。法定相続人が配偶者及び子である場合や、嫡出でない子がいる場合、法定相続人が配偶者及び親（父母）である場合等に応じての記載例があり、エクセルのテンプレートなので、それを利用すれば間違いは生じません。
- 作成した一覧図に「法定相続情報一覧図の保管及び交付の申出書」が２つ目の書類で、これを表紙にして法務局に提出すればOK。被相続人の本籍地でも、最後の住所でも、申出人の住所地でも、被相続人名義の不動産所在地でもOK。提出すれば、その場で内容を確認し、書類に不備がなければ２～７日で証明書が入手できます。返信用の封筒を準備すれば郵送でもOK。

● 何事も経験しないと語れませんが、簡単すぎて、拍子抜けしてしまうような手続き。銀行に戸籍謄本の束を持っていくという昔の手続きには戻れません。

● こんなに便利な証明書なのに発行手数料は無料です。希望の枚数を発行してくれますし、不足したら５年以内であれば後日に再発行してもらっても無料。登記手続が電算化して余剰人員が見込まれる法務局が、ベテラン職員の職域を守る為に作り出した制度だと想像しますが、しかし、国民に便利な制度であれば、どんな動機でも大賛成です。直筆証書遺言書保管制度に続く２つめのヒットです。

2023/03/20

実務に役立つビビッドな話題 **記帳代行業務の省力化とDXの時代**

テーマ　新規顧客があり、職員の採用難もあるので、ワークライフバランスを考えて記帳代行会社を使ってみようかと。事務所には記帳処理業務が５割くらいはある。もう少しコスパの使い方を考えないと。

● ギグワーカーへの外注を紹介するサイトがあります。会計事務所職員だったり、その経歴を持つ人だったり、特定の会計ソフトの対応を売りにしていたり。

● 顧問先が利用していたが、作業が完結するものではない印象でした。日付と金額、摘要は口座取込と同じレベルには起票してくれる。しかし、これを元に科目など記帳し直す作業は残ります。単純なものはクラウドワークス側に伝えるにせよ、任せきりにはならない前提と思います。書いてある経歴が正しいのか、固有名詞が書かれている資料を提供することの守秘義務とか。

● 私は記帳業務には門外漢ですが、自分の記帳作業の経験で語れば、通帳については、全ての顧問先について預金からのダウンロードにしてしまったら良いと思います。省力化を教えると顧問料がもらえなくなりますか。

- チェックや科目訂正にかかる時間を考慮すると、すごく時短というわけではありません。ゼロからの入力が労力100とすれば、預金を取り込んだもののチェックと科目訂正の労力は60、経理担当者が入力したもののチェックは20という感じです。
- お客さんの業態によっても違います。不動産屋とか中古自動車屋だと、在庫管理や契約書を読み解いて仕訳を複合仕訳にする必要があります。現金と預金商売の業態なら、補助簿を上手に設定することで預金取り込みにマッチする業態もあります。
- それにしても記帳業務の省力化は避けては通れないのがDXの時代。いや、徹底して記帳業務も引き受けて、それを税理士の存在価値にするか、逆に、自計化を顧問先に徹底していくか。隣の税理士事務所が、どの程度のDXの状態なのかが気になります。

2023/03/21

実務に役立つビビッドな話題 **研修受講36時間が未達成の会員**

テーマ　「研修受講36時間が未達成の会員におかれましては、研修受講管理システムから研修受講をお願いいたします」という案内があった。

- 恥ずかしながら私もその一人です。コロナの影響で外出が怖くなったことと、魅力的な講習会が少ないこと。taxMLに参加していると必要な情報は得られることなど。顧問先の信頼を得るためには自ら知識を取得するのは当たり前のことです。人に言われてすることではないと思っています。
- 税理士会の研修は目標義務なのでそんなに気にしませんが公認会計士協会は厳しいですね。履修状況次第で公認会計士の懲戒処分の対象になります。当事業年度を含む直前3事業年度合計で120単位。そのうちに職業倫理と税務2単位が履修義務になっています。
- 公認会計士の無知は投資家（第三者）に損失を与えます。税理士の無知は税理士自身に対する損害賠償請求ですから、会計士の研修義務と同じような意味での研修義務化は不要だと思うのですが。弁護士なら研修義務は存在しません。弁護士が無知なら訴訟で負けてしまいます。

● 研修に通う人たちは良いとして、そうではなく、どうしようもないレベルの税理士が存在するのでしょう。税理士会と税務署との協議で、そんな税理士が話題になれば、税理士会は研修の充実で応える以外にありません。

● 公認会計士協会の研修は専門書籍の購読と、専門書籍の出版などで満たしていますが、税理士会が、この2つの研修方法を認めないのが不思議です。研修会に参加して耳学問で学習するより、参考書籍を読む方が理解度は深くなると思います。なぜ、公認会計士協会の前例があるのに、書籍購読、書籍出版を研修実績に加えないのか不思議です。

2023/03/21

実務に役立つビビッドな話題 **医療・年金の社会保険料が作り出す年収の壁**

テーマ 「年収の壁、課題は？ 「働き損」をなくすには？」という朝日新聞の解説記事があった（令和5年3月18日朝刊）。パート勤務者が社会保険料の負担を避けて、働く時間をわざと短くすることで生じる130万円と106万円の壁。

● パートの人の勤め先の従業員数などによって年収106万円（101人以上など）、130万円（100人以下）を超えると社会保険に加入する必要が出てくる。それを「働き損」と定義している。

● 会社員の夫が年収500万円、パートの妻が年収100万円の場合、世帯の手取りは513万円（平均的な企業の家族手当月1万7000円を含む）。ところが、妻の年収が増えると「106万円超」になり、勤務先の社会保険に入ることになって世帯手取りは24万円の減少で489万円になる。そのような解説です。壁を超えても同様の世帯手取りにするには妻の年収を4割増の138万円まで増やす必要がある。

● 所得税の配偶者特別控除には段階的な調整があるので働き方の自主規制に与える影響はないと思います。壁を作り出しているのは社会保険料の負担です。税法は常に矛盾のある制度をメンテし続ける優れた法律です。

- 気になったのは、共働き世帯が増えてきたのは事実だが、そのうち３分の２の世帯は少なくとも片方は非正規雇用だという解説。これが女性も働く社会の実態なのですね。
- さて、どうするか。給与所得の源泉所得税より高額な負担になる社会保険料。そこが根源的な問題であって、国民皆保険は優れた制度だとしても、過剰診療を許す劣った制度と並列している。長寿化による年金受給者の問題。「壁」をなくすより、支出側の抜本的な解決が必要と思えますが、政治に、それを期待することは不可能。下々は、壁を意識した働き方をする以外にない。

2023/03/23

実務に役立つビビッドな話題

グループ法人税制の支配関係の中での持株関係の移動

テーマ　個人が100％支配するＡ社とＢ社について、債務超過を理由にＢ社を解散する。グループ法人税制の理屈について次の①と②の処理の課税関係を知りたい。

①　Ｂ社株式をＡ社に譲渡して、親子会社にした上でＢ社を解散し、Ｂ社の青色欠損金の全額をＡ社で引き取ることは可能か。

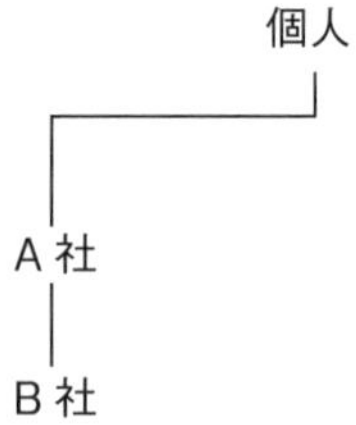

②　Ｂ社の事業の内の健全な事業部分を第三者に譲渡し、その後に

B 社を解散して青色欠損金を A 社が引き取ることは可能か。

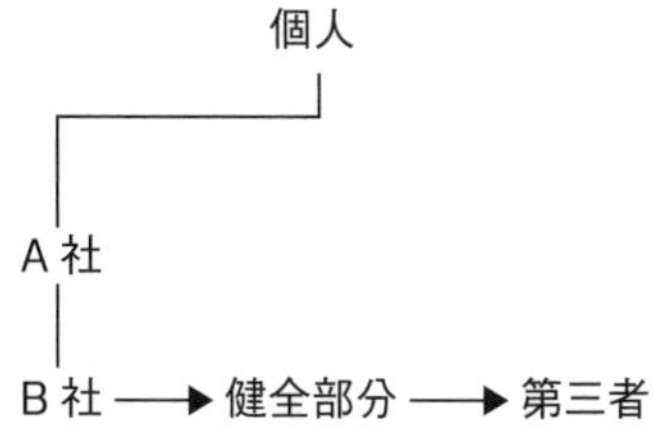

- ①の処理について、解散する子会社の株式をグループ内で移動したら、青色欠損金を引き継ぐ会社は自由に選択できてしまう。個人株主の場合は青色欠損金が承継できないので、解散に先だって持株を法人株主に移動しておくこと。これが許されるのか。
- 適格合併であれば、完全支配の関係の中のどの法人と合併するのも自由なので、青色欠損金の承継先は選択できるのだと思います。A 社と B 社を合併すれば青色欠損金は承継できてしまう。解散だからといって租税回避とはいえないと思います。ただ、この頃、節税目的の処理は否認される組織再編に係る行為計算否認の不安があります。
- ②の処理も TPR 事件（東京地裁令和元年 6 月27日判決）と比較すると不安がありますが、あれは事業部門を設立したグループ内の新会社に譲渡し、空になった子会社を親会社が吸収合併した事案です。つまり、青色欠損金を承継するための作為がある事案ですが、本件は、会社を解散するための優良部門を処分して第三者に譲渡して換金した事案。通常の清算手続きですから否認される理屈はないと思います。

2023/03/24

実務に役立つビビッドな話題　**ジョイント・アカウントと相続財産**

テーマ　ジョイント・アカウント口座は遺産分割の対象外で、税法上は遺贈による利益（相続税法９条）として、被相続人から拠出されたと考えられる部分を合理的に計算して計上する。

● 日本のジョイント・アカウントは連帯債務です。父親と息子が住宅ローンを連名で負担します。これは夫婦が連名で預金をするジョイント・アカウント口座と同じです。ただ、ジョイント・アカウント口座は借方で、連帯債務は貸方です。

● ジョイント・アカウント口座も、連帯債務も、共に借方と貸方を一致させるのが区分方法です。つまり、資金の出捐割合で区分します。

ジョイント・アカウント

預金残	500	父の出資	300
		子の出資	200

連帯債務

持分	500	ローン債務	700
子持分	200		

● いま、銀行は連帯保証ではなく、連帯債務を利用します。事業用の借入の保証は公証人役場に行かなければならない。保証契約の「締結の日前1箇月以内に作成された公正証書で保証人になろうとする者が保証債務を履行する意思を表示」しなければ成立しないという民法465条の6です。だから、連帯債務の形式を利用します。

● 簿記は優れた制度です。借方（ジョイント・アカウント）の帰属割合は貸方の出資割合で配分し、貸方（連帯債務）は借方に計上される土地建物の帰属割合で配分する。民法は借方と貸方の概念がありませんが、課税関係の整理で必要なのが簿記の知識です。

2023/03/24

実務に役立つビビッドな話題 **相続の場合の消費税の課税事業者の判定**

テーマ　令和3年の課税売上高1500万円の税理士が亡くなった。相続人は配偶者と子。子は勤務税理士だったが、遺産分割協議により税理士事務所承継が決まった。子は今年いっぱいは免税事業者ですね。つまり、「被相続人の基準期間の課税売上高×法定相続分」で判

定して差し支えない。

● 事業承継者の認定と遺産分割協議が関係するのは賃貸業に限る。税理士業は事実としての事業承継によって認定されるのだと思う。したがって、子は相続のときから課税事業者のように思います（消費税法10条　相続があつた場合の納税義務の免除の特例）。

● 私もそうあるべきだと思うのだが消基通１－５－５は、「相続財産の分割が実行されるまでの間は被相続人の事業を承継する相続人は確定しないことから、各相続人が共同して被相続人の事業を承継したものとして取り扱う」としている。さらに、文書回答事例「前年に相続があった場合の共同相続人の消費税の納税義務の判定について」では、遺産分割の結果に基づき改めて判定すると課税事業者に該当することとなっても、判定をし直す必要はなく、免税事業者に該当すると取り扱って差し支えないとしている。

● それは資産とリンクした事業です。資産とリンクしない事業について遺産分割の概念は登場しないと思います。仮に、税理士事務所が自社ビルの場合も、その分割と、事業承継者は別の問題です。

● なるほど。消基通１－５－５では「２以上の相続人があるときには、相続財産の分割が実行されるまでの間は被相続人の事業を承継する相続人は確定しないことから」とありますが、そうとは限らないということですね。相続財産の分割なくして、相続による事業承継はあり得ると。

2023/03/25

2023年 3 月26日～ 4 月 1 日

実務に役立つビビッドな話題　**居宅のリフォームの直後の相続の発生**

テーマ　相続開始の２年前に行われた居宅の改修工事について、税務調査時に指摘がありました。建物の評価額に、その改修工事の工事費を加算する必要があるという趣旨の指摘です。

- 財産評価基本通達89によって家屋の相続税評価額には固定資産税評価額が採用されます。市役所の窓口で、再評価を依頼しましたが、既存部分をいかしており、増築しているわけでもないので、評価の必要はないとされました。一方でリフォーム工事でも部屋の増築や床面積が増加すれば評価の対象となるようです。
- 住友のそっくりさんが建築許可を取っているのか否かは知りませんが、多様な建築規制は守る方向で工事しています。しかし、固定資産税の増額はありませんでした。
- 改築で固定資産税が上がることはあり得ません。タワーマンションの302号室をリフォームしたら、タワーマンションの全体の固定資産税を計算し直し、全ての部屋の固定資産税を改定する。そんなことは不可能です。
- 区分所有物件の家屋の課税は、地方税法352条によって、建物一棟を一括して評価し、「専有部分の床面積の割合により按分した額」としています。区分所有マンションのリフォームについて固定資産税評価額の改定が不可能なら、戸建ての建物のリフォームについて固定資産税評価額を改定することはあり得ません。
- 相続の直前のリフォームでも固定資産税評価額が改定されないのなら、相続税の節税を意図したリフォームもあり得ます。高齢者の為のバリアフリー工事や、高齢者と同居するためのリフォームですが、それが相続税の節税になるのなら実行しても良いですね。

2023/03/26

実務に役立つビビッドな話題　**税理士法人における社員資本持分管理表**

テーマ　税理士法人について社員資本持分管理表を作成していますか。

社員名	資本金	資本剰余金	利益剰余金	合計
A	2,000,000	0	400,000	2,400,000
B	1,000,000	0	0	1,000,000
合計	3,000,000	0	400,000	3,400,000

- 通常の持分会社と異なり、日本税理士連合会が公表する標準定款では利益は出資比例なので、利益剰余金は出資額に比例するはず。利益剰余金を出資者別に管理する必要を感じません。
- 税理士法人は議決権は平等ですが、利益の配分は自由でしょう。「税理士法人の手引き」は「税理士法人において、利益の配当を出資金に応じて決めるのか、あるいは別の方法によるのかは、社員間の契約事項であり、その割合等は自由に決定することができます」と解説しています。
- 標準定款に従って出資比例の利益配分だとしても、創業者のボス税理士が40年について積み上げた利益剰余金は、ここで参加することになった若手税理士には配分されません。だから出資者別の利益剰余金の管理が必要です。
- 過去に蓄積した利益剰余金に限りません。持分会社には２つの概念があります。①持分会社の損益を各出資者に割り振る損益の分配（会社法622条）と、②会社財産を現実に払い戻す利益の配当（同621条）です。
- 会社法コンメンタールの抜粋ですが、「会社法は、持分会社について、損益の分配と利益の配当を規定の上で区別する」「持分会社についても、会社財産を現実に払い戻す行為が利益の配当とされ、その前提として持分会社の損益を各株主に割り振ることが損益の分配とされたわけである」と解説しています。
- それらは出資者各人別の管理になると解説しています。「持分会社の社員が利益の配当による払戻しを請求することができる財産の価額は、当該社員に分配された損益の額の合計額から過去に当該社員が払戻しを受けた額を減じて得た額の範囲内に限られるものとされる」

- しかし、財産評価基本通達194（持分会社の出資の評価）は、持分会社についても株式会社と同じ出資持分の評価方法を採用している。つまり、会社の純資産を持分口数で除す。しかし、それは財産評価基本通達の間違い（勘違い）だろう。いや、そのように定めないと実務が機能しない。皆さん、持分会社の資本の部も、株式会社と同様に総額で管理し、出資者別の管理をしていない。
- さらに気になるのが所有資産の含み益。100を出資し、100の土地を購入したら、それが300に値上がり。決算を経由しない限り、値上がり益を資本の部に計上することはないが、しかし、相続税の出資の評価では時価純資産が採用されている。退社による払い戻し請求は時価なのか。簿価だろう。そこでも払戻請求権の評価額と、相続税の出資持ち分の評価にはズレが生じてしまう。
- 税理士法人への新規参加の社員もいて、古い社員の退職もある。いまからでも遅くはないので、社員資本持分管理表を作成しておくべきと思う。

2023/03/26

実務に役立つビビッドな話題

自計化を導入するメリットとデメリット、それにノウハウ

テーマ　これからの時代は自計化の時代なのか。しかし、現実に自計化をしてもらうと、余分な手間が掛かって仕方がない。皆さん、この壁をどうやって乗り越えていますか。

- 入力してくれないと試算表がでない。こちらでスケジュールがコントロールできない。入力の間違いを厳しくは指摘できない。記帳代行していれば入力は身内なので気を使わずに指摘できる。自計化を理由に顧問料を値切られる。
- 奥さんの機嫌を損ねると契約を切られかねないので、いつもこちらで何度でも修正するようにしていますが、ほんと奥さんを経理か

ら外して欲しいです。あと、freee とマネーフォワードを使うのはやめて欲しいです。

- 法人顧客の３分の１が自計化しています。最初の１、２年は大変なところもありましたが、毎年、新しいことが起こる会社は少ないので、パターンを覚えてもらえば楽になります。センスのある経理ならそれを見て翌期から気を付ける。センスのない経理でも、毎年、チェックすべき項目はだいたいわかる。
- 私のケースだと、自計化のお客さんのほうが手間もかからず、経営に対する姿勢もしっかりしていて、売り上げも多いのでありがたいお客様です。
- 時代は自計化なのか、記帳代行を続けるべきなのか。顧客とする会社の規模によっても異なりますが、記帳代行という手間仕事でDX の時代がやり過ごせるとは思えない。
- 自計化は、会計事務所側にコンサル能力を必要とします。ソフトウエアを理解し、顧問先を指導する。自計化は、会計事務所の職員が担当していた業務の顧問先への外注化です。ただ、良くできた会計ソフトの威力で自計化には簿記の知識を必要としません。
- 自計化しないで事務所運営することも可能ですが、事務所の職員を必要とし、求人難の時代と、給与引き上げの流れという別の問題もある。顧問先の自計化したいという要望をかなえる体制にしていかないと、ジリ貧になるのではないかと。その影響が、２年で１割、５年で５割と幅が広がっていくような気がする。

2023/03/27

実務に役立つビビッドな話題　**宥恕規定によって救済される特例の適用漏れ**

テーマ　給与が2000万円超なので毎年確定申告している方で、今年も同じように確定申告して還付だったが、自宅の売却をしていることを完全に失念していた。居住用資産の譲渡所得の3000万円控除はアウトなのか。

- 救済されるでしょう。租税特別措置法35条の13項です。「やむを得ない事情があると認めるとき」は救済するという宥恕規定を置いています。

- 税法は素人も参加する場所ですから、税法の無知にペナルティを科すことはできない。税理士が確定申告手続を担当したとしても、一般素人が自宅の売却を税理士に告げないことにペナルティは科せない。
- 期限内申告に限る規定は存在しないので、期限後申告がOKなのは自明。では、次の場合はいかがか。①譲渡所得の申告があるが、居住用の特別控除の適用がない。②そもそも譲渡所得の申告がない。①の場合でも、そもそも素人が租税特別措置法を知るはずがない。②の場合も素人が譲渡の事実をプロに告げる必要があるとは認識していない。
- 税法は選択を許す規定の乗り換えは認めない。しかし、租税特別措置法26条の社会保険診療報酬の所得計算の特例について、更正の請求は不可（最高裁昭和62年11月10日判決）だが、修正申告はOK（最高裁平成２年６月５日判決）。つまりは、税額が増える場合には乗り換えを認める緩さのある実務です。
- 税務署の判断基準は「常識」と「救済」。弁護士と裁判所の判断基準は要件事実と立証責任。税務職員は幼稚園の保育士で、弁護士はロシアのワグネル、裁判官は市役所の戸籍謄本係。それぞれの業界では異なる判断基準が採用されています。つまり、税務署の判断基準は常識と救済です。

2023/03/27

実務に役立つビビッドな話題　**小規模宅地の評価減が一番の相続税対策**

テーマ　相続税の節税対策の一番は小規模宅地の評価減の適用だと思うのですが、居住用宅地は330㎡までOKで、それに加えて事業用宅地は400㎡までOK。なぜ、これほどに優遇しているのか。

- 100坪の居宅に住み、他の場所で診療所を経営している。あるいは他の場所で同族会社を経営する。そのような人たちだと730㎡までは80％の減額になります。自宅の他に土地を持っていて、そこで商売をやったら相続税の節税で元が取れます。

- 330㎡の居宅は都内では邸宅です。240㎡でも相当に有利だったのに、なぜ330㎡に拡張する必要があったのか。マイホームも持たない人たちには羨ましい優遇策です。
- 貸付事業用宅地は200㎡までですが、しかし、貸家建付地の21％の減額があるので、その50％は39.5％。これが小規模宅地の減額率を50％に制限した理由です。
- いま、二世帯同居が避けられる時代。しかし、これほどの優遇を受けられることを一般の人たちが知っていたら、両親が亡くなる前に実家に戻ってくると思います。小規模宅地の評価減が認められれば１億円の自宅が2000万円の評価です。父が死亡し、母が死亡した第２次相続ではビックリするほどの節税効果です。
- 日本の価値観を重視する政権与党の重鎮は親子同居を奨励したかったのかもしれない。それでなくても単身老人が増え続ける時代。同居し、父母の最期を見取った子は優遇するという小規模宅地特例です。

2023/03/28

2023年４月２日～４月８日

実務に役立つビビッドな話題　**債務免除益に相続税と所得税の二重課税**

テーマ　「借入債務16億円について、その内の6億円を返せば残りの返済は免除する」。そのような合意があった債務を承継し、残債を弁済し、債務の免除を受けた相続人。①免除予定の債務として相続税では債務控除が認められず、②相続後の債務免除益に一時所得課税。これは二重課税だと争った。令和5年4月3日の朝日新聞に紹介されている紛争事案です。

● 東京地裁令和5年3月14日判決でT＆Amaster972号にも紹介されています。相続段階で分割金の残額100万円と、免除される予定の約9億7000万円を相続人が承継した。その後、原告らは分割金の残額100万円を期日どおりに支払い、本件和解に基づく債務免除を受けたという事案。

● 東京地裁は所得税法9条1項16号について「相続により得た積極財産に対し、相続税に加えて所得税を課すことを禁止対象として想定しているものと解され、相続時に『確実と認められ』なかったために控除が認められなかった債務を対象として想定した規定とは解されず、殊に、相続税の課税基準時たる相続発生時の後に停止条件が成就した結果発生すべき債務免除益に適用されるものとは解されない」と判断している。

● 比較すべき事例として東京地裁平成25年7月26日判決（税務通信No. 3281）がある。原告は、平成19年に被相続人である夫からの相続により土地等を取得し、相続税（評価額は合計4020万円）を申告した。その後、不動産を4150万円で譲渡し、平成21年分の所得税の確定申告を行ったが、譲渡収入金額4150万円のうち、既に相続税の課税対象となった経済的価値と同一の経済的価値4020万円は、相続等で取得する所得に所得税を課せない旨を規定する所得税法9条1項15号（平成22年改正前のもの）によって非課税になると主張した。

平成19年	平成21年
4020万円に 相続税を課税した	4150万円に 所得税を課税した

● 大阪地裁平成27年４月14日判決も参考になります。原告は相続により取得した株式について、相続後に、解散による残余財産の分配として金銭の支払いを受けた。この金銭の一部を配当所得として所得税の確定申告をした後、株式を相続により取得する際に相続税の課税を受けているので、当該配当所得は二重課税になるとして更正の請求をしたところ、原処分庁が更正をすべき理由がない旨の通知処分を行ったため、原告がその取り消しを求めていた事案。

―――― 平成 18 年 ―――――――― 平成 22 年 ――――

株式	4500 万円		
未収入金	３億 6269 万円	分配金	３億 5813 万円
相続開始	（相続税）	残余財産を分配	（配当所得）

● テーマの事案について、被相続人の生前に100万円の弁済を完了していれば、債務免除益は被相続人に対して課税されることになった。そのことと比較すれば、相続後の債務免除にも所得税が課税されて当然です。しかし、専門家でも二重課税の印象を受けるのだから、一般の納税者が不合理と感じても不思議ではない。どのように理論的に分析すべきなのか。

● 経済的な価値がある財産を相続すれば、それに相続税を課税し、その価値（含み益）が実現すれば所得税を課税する。本件では相続による現実的な負担額を債務控除し、その後の免除益には所得税課税をする。つまり、債務を承継したという相続税の課税対象（実負担額100万円）と、債務の免除を受けたという所得税の課税対象（９億6900万円）が異なるのですが、ここらを実感として理解するのは難しい。

● 債務を承継したのが法人であれば、実質的な負担100万円を引き受けて、その弁済をしたという一つの事実になる。個人についても100万円相当の負担を引き受け、それを弁済した。そのような認定になっても良いように思う。

2023/04/03

実務に役立つビビッドな話題　**配偶者居住権と小規模宅地特例**

テーマ　相続紛争では利用価値のない配偶者居住権だが、相続税の節税策としては利用されている。知識の再確認ですが、次のような課税関係と考えてよいのか。

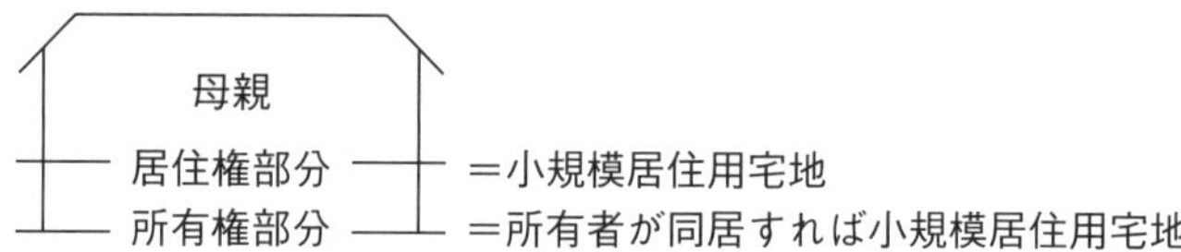

- 同居すれば所有権部分にも小規模宅地特例の適用があります。ただ、いまは親と同居しない時代です。所有者が同居しない場合に家なき子特例の適用があるのか。
- 家なき子特例は配偶者がいないことが要件なので無理です。配偶者居住権は配偶者が相続人になる第１次相続限定で、家なき子特例は２次相続限定です。
- 頭の体操の事例だと、配偶者居住権を設定した後に、所有権を取得した息子が母親より先に亡くなった場合に、その所有権を相続したのが息子（居住者）の子（孫）なら家なき子特例の適用の余地があります。

2023/04/04

実務に役立つビビッドな話題　**組織再編における３年と５年の意味**

テーマ　組織再編税制では青色欠損金の承継には５年超の支配関係を要求し、含み損の利用には再編後の３年間の経過を要求する。この５年、３年の意味を教えて欲しい。

- 青色欠損金については、当初は、５年間の支配と欠損金控除期間５年がセットで理解された。しかし、その後、青色欠損金の控除期間が７年、10年と延びて上記のセットでは説明できなくなった。根拠は会計法30条、31条にあるのであって、５年を超えた君の過去は問わないというのが会計法の思想です。５年を超えた支配関係があれば、青色欠損金が発生したのが支配関係が成立した前か、後なのかは問わない。

- 含み損は、合併時に存在する含み損で、合併時にいくらの含み損が存在したか。それが解明できるのは過去３年程度に限るだろう。５年前に含み損500万円が存在し、２年前にはさらに200万円の含み損が発生した。この場合に５年前と２年前の含み損を分類計算するのは不可能。だから、３年が経過したら、その含み損は、支配関係の成立後に発生したとみなす。
- 次のように説明すれば良いのですね。３年前に結婚した妻から「実は」と切り出された。サラ金からの500万円の借金があると。どうしたんだと聞いたら結婚前の海外旅行で100万円を借りたのが始まり。返済して残債が減ったこともあるが、その後は結婚後の生活費の補填で借入が増えた。この場合は、いま残っている500万円の借金が結婚前の借金なのか、結婚後の借金なのかが判定できない。だから結婚後（合併後）、３年を経過したら、それは家族として生活を始めた後に発生した含み損とみなす。
- 含み損については合併後の３年ですが、それと合わせて支配関係の成立後５年の経過でも含み損の利用が認められます。つまり、合併後３年経過日よりも前に、支配関係発生日から５年を経過している場合には、５年経過時点で含み損の計上が認められます（法法62の７①)。つまり、５年を超えた君の過去は問わないという理屈です。

2023/04/08

2023年 4 月 9 日～ 4 月15日

実務に役立つビビッドな話題　**借地権評価額は地代水準に応じて割り振り計算をすべきか**

テーマ　地価が下落したために、いま現在の地代が年６％に近い状態になっている。この場合の相続税の申告では、法人税基本通達13－１－３の「相当の地代に満たない地代を収受している場合の権利金の認定」の計算に基づいて借地権価額を計算するのか。

$$土地の更地価額 \times \left(1 - \frac{実際に収受している地代の年額}{13-1-2に定める相当の地代の年額}\right) = 借地権$$

● この計算は相当地代で借地契約をスタートさせた場合です。通常地代でスタートした借地契約なら、契約時に権利金が支払われていない場合であっても、権利金の認定課税が漏れているだけであって、借地権相当の利益は借地人に移動しています。それが地代水準の変化で減じられることはあり得ません。

● 確かに、権利金を支払って借地権を設定した場合に、その後の地代水準の変化で借地権価額が増減したらおかしい。不動産鑑定理論では地代水準によって借地権割合が変動しますが、それはDCFと同様の収益還元価額であって税務では採用されません。

● そもそも他人間の借地契約は、権利金の支払いの慣行が存在しなかった時代に設定されたもので、その後の借地人の権利保護で自然発生借地権が成立したものが多い。借地契約は、地主に不利益な契約なので、その後に設定される借地権は身内間の契約が多い。その場合は権利金の課税漏れの事例になる。

● 相当地代で賃貸した場合でも13－１－３の割り振り計算が必要になるのは13－１－８（相当の地代の改訂）の(1)の届出を行った場合に限ります。つまり、「その借地権の設定等に係る土地の価額の上昇に応じて順次その収受する地代の額を相当の地代の額（上昇した後の当該土地の価額を基礎として13－１－２に定めるところに準じて計算した金額をいう。）に改訂する方法」を採用して相当の地代の改訂方法に関する届出を提出している場合です。

● もし、通常の借地権について13－１－３の割り振り計算を行ったら、借地人に相続が開始する見込みの場合は事前に地代を引き上げるという作為を認めることになってしまいます。

● 13－１－８の届出がない借地契約について、それが契約のスタート時に相当地代だったか否かを議論するのは無駄なことです。基本的に、税務は、５年を超えた過去は問わないのが原則です。会計法30条、31条に基づく時効の援用に関する原則ですが、それは過去の事実についての立証にも採用される原則です。

2023/04/09

実務に役立つビビッドな話題 **換金して代金を遺贈する遺言と譲渡所得の申告**

テーマ　遺産に含まれる土地を売却し、その売却代金を友人の太郎氏に遺贈する。そのような遺言があった場合に、換価代金について譲渡所得を申告する者は誰か。

● 相続人のいない相続について、遺言者が清算型遺言を残して死亡した場合には、「相続財産管理人を選任するまでもなく、遺言執行者が当該遺言に係る登記を申請することができる」という登記先例があります。

● 相続人がいる相続の場合も、換価遺言の場合は、遺言執行者に管理処分権限があります。ただ、遺言執行者は所有者ではないので、所得税の申告義務者にはなれず、相続人が所得税を申告し、売買代金から所得税を納付します。これは準確定申告についても同様です。

● 換価遺贈される財産も、換価されるまでは相続人に帰属します。しかし、このような所有権を基本にする考え方に税大論集が疑問を提起しています（換価遺言が行われた場合の課税関係について　小柳誠税務大学校研究部教授）。「しかしながら、相続人は、所有権者として換価代金を収受する権利もなく、実質的にも財産を支配する状態すら生じていない。また、遺言者の真意に照らしても、換価代金の分配とは別に、換価される相続財産をわざわざ相続人に帰属させる意思があるとは解しがたい」。

● さらに「収益の享受可能性を視点に所得の帰属を決定すべきであ

り、この基準に照らせば、遺言により相続開始の時から法的に収益の享受の内容が確定し、収益の享受可能性を有するのは、受遺者にほかならないから、譲渡所得は、受遺者に帰属し、受遺者が納税義務者になると考えられる」と解説しています。

- そのような解釈が実務で採用されるのなら嬉しいのですが。つまり、所有権は相続人が取得し、相続人からの売却だが、実態として、受遺者が取得し、受遺者が売却するのだから、受遺者が譲渡所得を申告し、所得税を納税すればよいと。
- それを法律解釈として定義する必要があると思うのです。①売却義務を課した土地の遺贈なのか、②換価に対して課税される所得税を負担とした土地の遺贈なのか。
- ①なら受遺者である太郎氏が土地の取得者で所有名義を取得し、登録免許税を納付し、売却し、譲渡所得を申告する。②なら相続人が土地の取得者で所有名義を取得し、登録免許税を納付し、売却し、所得税を申告し、所得税を差し引いた残代金を太郎氏に交付する。換価代金の遺贈については、この辺りを明確にした遺言書の作成が必要です。

2023/04/12

2023年４月23日～４月29日

実務に役立つビビッドな話題 **休眠会社の吸収合併による青色欠損金の利用**

テーマ　100%同族で支配するＡ社とＢ社。Ｂ社はコロナ禍で休眠となったホテルを所有する会社で青色欠損金もある。Ｂ社をＡ社に吸収合併することで、①建物を壊して除却損を計上し、②Ｂ社の青色欠損金も承継したい。TPR事件のような租税回避行為はないが、目的は節税なので行為計算否認が怖い。

● 租税回避行為の色は薄くても、合併する必要性がないのであれば、法人税法132条の２（組織再編成に係る行為又は計算の否認）による否認の可能性はあると思います。特に、債務超過のＢ社を吸収合併する経営目的は節税のみです。

● 悩むのは次のような処理をすべきか否か。つまり、Ｂ社の株式をＡ社に譲渡して完全子会社としてのグループ法人税制の適用を受ける。債務超過のＢ社を吸収合併する合理性はないが、100％子会社なら、解散の場合でも青色欠損金が承継できるし、現物分配の簿価承継も可能です。しかし、それらの作為的な行為が、さらに否認の確率を高めてしまうのか。

● 節税の意図がある場合、いや、節税の目的以外の経営目的がない場合は否認のリスクが残る。何のために実行したのですかと問われて「はい、節税です」という回答は避けたい。

● 「それと、個別の規定が適用できれば、それで認められるというのは多少誤解があるような感じがします。つまり、形式的に充足したとしても、実質的な面から行為計算否認の適用はあり得るということで全体として制度が構成されているので、『形式的なところが充足されればそれで認められるのではないか』というのは、極端に言えば、半分しか説明していないような感じがします」。これらは、『企業組織再編税制及びグループ法人税制の現状と今後の展望』という書籍に収録された立案担当者の言葉です。

● 否認されても、節税効果が失われるだけで、それを超えた損害が生じない。それは限界事例です。それは法人税の場合も、相続税の場合も。

2023/04/24

実務に役立つビビッドな話題　**消費税における家事消費、家事使用の範囲**

テーマ　店舗を息子に代替わりして、建物は息子に無償貸与し、棚卸商品は息子が無償で承継する。これに家事使用の課税売上という認定があり得ますか。

- 建物を事業用から家事用に転用した。実際に課税売上にされているかは分かりませんが、理屈的には、みなし課税売上でしょう。
- ①無償で譲渡しても課税売上にはならないが（消費税法２条１項８号）、②事業主が家事消費してしまった場合は課税売上になる。それが消費税法４条５項１号ですが、消費税法基本通達５－３－１は「個人事業者又は当該個人事業者と生計を一にする親族の用に消費し、又は使用した場合をいう」と、生計一概念を要件に加えています。つまり、生計別の息子が家事消費した場合は消費税の対象外なのか。
- ２つの考え方に分かれます。(a) 私的用途（息子に家事消費させる）こと自体が事業主の家事消費なのか。(b) 私的用途でも生計別の親族の場合は無対価の譲渡なのか。そして、これが賃貸物件について行われた場合は（x）私的用途（息子に無償貸与）したこと自体が事業主の家事使用なのか、（y）私的用途でも生計別の親族の場合は無対価の使用なのか。
- 理論的には (a) なのだと思います。店から奥に持ち込んだのならば、家事のための消費又は使用になる。それが別居の息子に提供された場合も同様です。同様に無償貸与の場合は（x）になる。親の事業に使っていたものを、親の事業に使うことを止めたら家事使用です。
- 現実に家事消費なら、所得税でも課税対象（所得税法39条）ですから、消費税でも課税売上にすると思う。しかし、親の事業を廃止し、建物を家事使用に変えた場合に、それを課税売上と認識するのを失念するかもしれない。仮に、賃貸物件の一室を息子夫婦に無償貸与した場合です。確定した解説が見当たらないので、リスク回避策としては名目上の家賃を受け取るのが良さそうですね。

2023/04/24

実務に役立つビビッドな話題　**税務申告書への受付印の廃止**

テーマ　衝撃的なニュースが流れてきました。「令和３年度のｅ－Tax 利用率は、所得税申告で59.2％、法人税申告で87.9％に達しており、今後もｅ－Tax の拡大が更に見込まれることなど、DX の取組の進捗も踏まえ、国税に関する手続等の見直しの一環として、令和６年４月以降、申告書等の控えへの収受日付印の押なつを取りやめることを検討しています」。令和５年３月31日付けの国税庁総務課長の「依頼」文章です。

● 全ての申告をｅ－Tax に移行したいという国税の方針です。収受印を押すことなど何の手間でもないと思いますが、しかし、紙で提出された申告書を分類し、受付簿を作成し、段ボール箱に詰めて、倉庫の所定の場所に保管するのは大変な手間です。

● 資本金１億円超の会社についてはｅ－Tax を義務化しましたが、それ以外の会社への事実上のｅ－Tax の強制に繋がる。零細中小企業は税理士が担当してｅ－Tax になっていますが、中堅企業では社内稟議の関係で紙での申告の企業も多い。それらの会社に対して「収受印」を押さないという嫌がらせの手段でしょう。

● 税務署では、自庁で受領した紙提出の申告書にも収受印を押すはず。役所として収受印のない公文書はあり得ません。だから提出書面への収受印の廃止は、あくまでも嫌がらせです。

● 電子申告でも受付印は押印されないのですから、紙で提出した申告書に収受印がなくても弊害はありません。ｅ－Tax 申告の場合、銀行は受信通知による確認をしており、申告書の収受印がないと受け付けないことはありません。建築業関係の許認可では、納税証明書が必要です。その意味では、税務申告書の収受印を廃止して税務申告書の収受印は存在しないという実務慣行にしたいのだと思います。

2023/04/24

実務に役立つビビッドな話題　**中古の区分所有マンションの土地と建物への割り振り**

テーマ　東京で8000万円の中古マンションを取得した。個人売買で消費税

なしで、土地建物の内訳なしということでした。そこで土地建物の按分だが、譲渡所得の申告のしかたに記載されている「建物の標準的な建築費」をもとに土地建物の取得価額を按分すると、土地代が路線価の3倍以上になってしまう。

- 固定資産税評価額での按分です。マンションの場合は「(土地代金＋建物建築費）＜売買代金」です。だから「売買代金－土地代＝不合理」になり、「売買代金－建物代＝不合理」になる。そこで売買代金を按分するのです。
- 昔は、固定資産税評価額での按分は認めていませんでした。土地の評価水準と、建物の評価水準は異なります。しかし、バブルになり、バブルが崩壊して、「(土地代＋建物代）＞売買代金」になってしまった。その結果の妥協の方法として固定資産税評価額での按分が登場しました。
- しかし、その按分の結果が、余りにも不合理なら見直しですね。銀座の古いビルなどは建物の固定資産税評価額が、土地価額に対して著しく低い状態です。そこは常識で見直すのが実務です。

2023/04/24

実務に役立つビビッドな話題　**破産者に対する債権の貸倒損失処理**

テーマ　破産手続の終結前であっても、破産管財人から配当が0円であることの証明がある場合は、貸倒損失として損金経理を行うことができる（法人税基本通達9－6－2）。この場合の処理について「配当が見込まれない証明」を破産管財人から入手する方法を講師が説明していた。

- こういう処理をしている方は、おそらく法人税基本通達11－2－1を知らないのだと思う。つまり、昭和年代の知識で仕事している。いま、貸倒損失として処理し、一部回収可能として、それが否認される場合も貸倒引当金に乗り換えが認められます。
- この通達があっても「破産申立、即、貸倒損失」を躊躇する現場の意識があるのか。何しろ、貸倒損失の厳格な運用で泣かされてきた業界です。あるいは、「破産申立、即、貸倒損失」を失念した場合に、その翌年度、翌々年度で損金処理する「お墨付き」を期待しているのだとか。

● 貸倒損失から貸倒引当金に乗り換える。そのような処理が認められるのか半信半疑だったのですが、「税のしるべ」の平成21年４月20日でOKと明確に解説しています。「確定申告書に「個別評価金銭債権に係る貸倒引当金の損金算入に関する明細書」の添付 ……がなかったことについてやむを得ない事情があると認められる場合において …… 明細書の添付がない場合であっても、それが貸倒損失を計上したことに起因する貸倒引当金への変更で、貸倒損失を計上した事業年度の確定申告書の提出後において、当該明細書を提出したときは、やむを得ない事情に該当するものとして、その貸倒損失の金額が貸倒引当金の損金算入額として取り扱われることとなります」

● ただ、債権を放棄した場合にはダメです。債権放棄で金銭債権が消滅してしまうことから、存在しない金銭債権について貸倒引当金への変更は適用がない。その趣旨も「税のしるべ」に解説されています。

2023/04/24

実務に役立つビビッドな話題 **課税売上割合に準ずる割合の承認申請を失念**

テーマ　たまたま土地の譲渡があった。しかし、課税売上割合に準ずる割合の承認申請を失念した。通常の事業売上は6000万円で、土地の譲渡価額は4000万円。通常の事業年度の課税売上割合は99.9％だが、今年は課税売上割合が60％に減じてしまう。税理士職業賠償責任保険のハードルは高いのだろうか。

● ハードルはメチャクチャに低いです。こんなのに賠償保険を出して良いのかと不思議に思う。保険会社の担当者は支払う方向で検討してくれる。支払わないことで、次に、保険会社が訴えられたら大事になってしまう。

● 販管費の大半を課税売上対応分の課税仕入として区分できないだろうか。共通対応の課税仕入は税理士報酬、事務所家賃、事務所水道光熱費くらいだと思います。あとは土地売却の仲介手数料を非課税売上対応分に区分しておけば大丈夫ではないか。

● 課税売上6000万円で、土地の譲渡価額4000万円。そして課税売上対応の課税仕入は3000万円、共通対応の課税仕入は1000万円、非課税売上対応の課税仕入（土地売却の仲介手数料）は120万円の合計4120万円とすれば仕入税額控除の計算は次の通りで、個別対応方式を選べば損害額を小さくすることが可能です。

① 課税売上割合に準ずる割合を99.9％にした場合

$$3{,}000\text{万円}\times 10\% + 1{,}000\text{万円}\times 10\% \times \frac{99.9}{100.0} = 3{,}999{,}000\text{円}$$

② 個別対応方式を選択した場合

$$3{,}000\text{万円}\times 10\% + 1{,}000\text{万円}\times 10\% \times \frac{6{,}000\text{万円}}{10{,}000\text{万円}} = 3{,}600{,}000\text{円}$$

③一括比例配分方式を選択した場合

$$(3{,}000\text{万円}+1{,}000\text{万円}+120\text{万円})\times 10\% \times \frac{6{,}000\text{万円}}{10{,}000\text{万円}} = 2{,}472{,}000\text{円}$$

2023/04/25

実務に役立つビビッドな話題

インボイス登録をしない家主に消費税分の減額を求める

テーマ　小規模な飲食店を経営している会社があります。家主は免税事業者の個人が多く、インボイス登録していないところが大半です。家主との賃貸借契約が月額家賃20万円、消費税２万円となっていた場合には消費税分の減額を求めることが可能ですか。

● 家主がインボイス登録をせず、免税事業者を継続しても、免税事業者が消費税相当分を請求することを禁止する規定はないので減額は無理だと思う。

● いや、消費税は売値の問題。つまり売買価額は22万円です。しかし、その内の２万円は消費税と合意していたら、インボイスを発行せず、消費税としての機能を果たさない２万円。それは請求できないでしょう。

- 契約書で消費税額が明確になっている場合は、インボイス登録がないことを理由に支払う義務はないと言えるのではないか。しかしながら、下手に家賃のことを交渉しようとすると、逆に値上げを要求されるような気がするというクライアントが多かった。
- 弁護士と税理士は向きが逆。弁護士は家賃の増額は不可能、更新料は請求できない、契約を終了させるのは不可能と考えます。それが借地借家法です。家賃の増額など容易に実行できるものではありません。
- 税理士はトラブルを嫌う。家主に嫌われては使用を継続することは難しいと考える。どちらが正しいのだろう。家主は借家人を恐れ、借家人は家主を恐れる。

2023/04/28

実務に役立つビビッドな話題　**特別縁故者が複数存在する場合の相続税の計算**

テーマ　特別縁故者の相続申告の相談がありました。基礎控除3000万円で申告判定をして、相続税額は２割加算。３人の特別縁故者がいるのですが、仮に、各人が4000万円の支払いを受ける場合は、①自分自身の4000万円のみで計算するのか、②特別縁故者３名の受取分の合計１億2000万円で計算するのか。

- 前例のない話ですから違う解釈もあり得ますが、私の理解では②です。①と解釈した場合は、仮に、相続放棄によって特別受益者が分与を受けることになった場合には、各々の特別受益者が法定相続人の数をダブルカウントすることになってしまいます。
- 特別縁故者が財産の分与を得た場合は、遺贈によって遺産を取得したのと同様の課税関係になる（相続税法４条）。だから通常の遺贈と同じ計算になるはずです。ただ、分与の効果は審判確定によって生じるので、分与財産の評価は、分与の審判の確定時の時価です（相続税法４条）。しかし、適用されるのは被相続人が亡くなった時の相続税法。税率の変更などがあった場合は注意が必要です（大阪高裁昭和59年11月13日判決・税務訴訟資料140号219頁）。

- 相続税の申告期限は、相続の開始があったことを知った日の翌日から10ヶ月以内です（相続税法27条）が、特別縁故者の場合の申告期限は、審判の確定の日の翌日から10ヶ月以内になります（相続税法29条）。
- 特別縁故者は被相続人の取得価額を承継しません。所得税法60条の適用がないからです。

2023/04/28

2023年 5 月 7 日～ 5 月13日

実務に役立つビビッドな話題　**遺留分侵害額について路線価と時価による圧縮計算の可否**

テーマ　遺留分の減殺調停が成立した。遺産は時価ベースで10億円で、受領した遺留分は２億円、相続税評価額は８億円。相続税について次の圧縮計算は可能なのか。

$$代償債務２億円 \times \frac{代償財産の相続税評価額８億円}{代償財産の代償分割の時における価額10億円}$$

- 相続税法基本通達11の２－10は、代償分割についての通達であって、遺留分についての通達ではない。金銭で精算するという意味では同じでも、代償分割は遺産分割だが、遺留分の請求は遺産分割ではない。遺産分割は、前提に公平があるが、遺留分には公平の前提がない。さらに現在の遺留分は金銭請求権であって、遺産総額を分母にするという意味はあっても、その分母を公平に配分する前提はない。
- いや、しかし、東京地裁平成27年２月９日判決（速報税理2015年10月11日号）と、令和２年８月11日裁決（T & Amaster　No. 877）も圧縮計算を認めています。税法は民法のような形式的な違いを論じず、実質を優先するので、代償金と、遺留分が同じだと言われてしまえば同じです。
- しかし、その反対側に位置する相続人が、それを否と主張した場合に、相続税の負担の根拠が相続税法基本通達11の２－10になるのも不思議です。通達が「当該代償財産の価額はそれぞれ次に掲げるところによるものとする」と定めて、「よるものとすることができる」と定めないところは、この辺りについて反対側にも強制適用するという趣旨なのか。それにしても実務で経験しないことは語れません。

2023/05/07

実務に役立つビビッドな話題　**第１次相続が未分割の場合の第２次相続の配偶者軽減**

テーマ　第２次相続の処理を進めているが、第１次相続（祖父）について未分割の遺産（土地２億円）が残っている。この土地についての法定相続分１億円を第２次相続の相続財産に加えるが、これを第２次相続で配偶者が取得し、配偶者の相続税額の軽減の対象にすることが可能か。

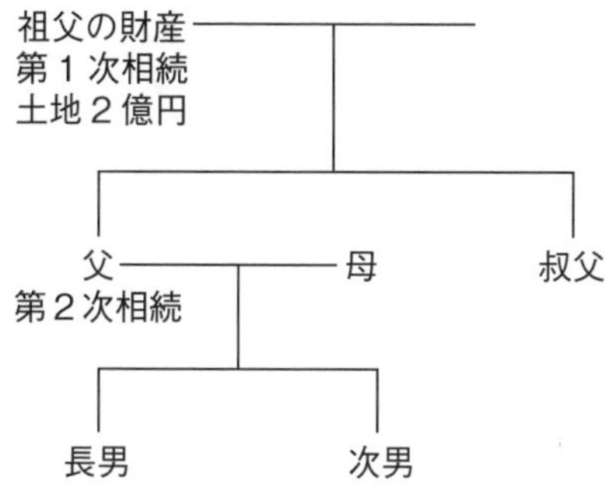

- 第１次相続の相続分（土地持分１億円）の帰属は第２次相続の遺産分割で確定するので配偶者軽減が受けられます。未分割の場合に配偶者軽減が受けられないのは第２次相続の遺産分割が未了の場合です。
- しかし、第２次相続の配偶者の取り分が１億円ということで配偶者の相続税がゼロになった場合に、第１次相続の遺産分割で、仮に、土地の全部を相続し、配偶者の取り分が２億円になった場合は節税効果が生じてしまいます。それも不合理かと。
- 第１次相続の未分割財産（土地２億円）の全部を配偶者が取得すると決まったのですから、その段階で第２次相続の修正申告が必要になる。そのように考えるのだと思います。

2023/05/07

実務に役立つビビッドな話題　**居宅の居住実績の作り出しに失敗した事例**

テーマ　「請求人の本件家屋への入居目的は、単に居住用財産の譲渡所得の特別控除の適用を受けるためであり、生活の拠点と認められず」という令和４年４月５日付の非公開裁決が紹介されている（税のしるべ電子版　令和５年５月10日）。

● 対象家屋のガスや水道の使用量はゼロか６立方メートルで、電気使用量の平均値は14.3kWh で、これは総務省統計局が公表している全国の単身世帯の１ヶ月当たりの電気代の約７％である。別に請求人が所有する家屋の電気とガスの１ヶ月当たりの使用料金は、総務省統計局が公表している２人以上世帯の標準的な金額をいずれも超えていて、別に請求人が所有する家屋で入浴、洗濯および食事をしていた旨を申述している。これじゃ、ダメですね。

● この頃は親との別居世帯が増えている。しかし、居住用小規模宅地の特例では相続税評価は80％減。特例の適用を目的としてでも親と同居し、対象家屋に住まうのはもっとも合理的な節税方法です。この非公開裁決を教訓として、税務署側が注目するガスや水道、電気の使用量に十分に注意して居住の実態を作るように手配する必要があります。

2023/05/10

2023年 5 月14日～ 5 月20日

実務に役立つビビッドな話題 **相続した賃貸物件と債務を未分割の状態で維持したい**

テーマ　相続が発生したが、問題は賃貸物件とその建築資金借入。相続人の中に高齢な独身者がいるなど、将来の生活が見えないので、相続人たちは未分割のまま返済を続けたい意向だ。しかし、銀行は相続人たちによる借り換えを要望しています。

●　債務は法定相続分に分割されて、債権の時効の管理ができないので、銀行は債務者を１人に絞りたがる。つまり、誰か１人の弁済で良しとしていると、他の９人の債務の消滅時効が完成してしまう。

●　銀行の意見を無視して、現状を維持するか、銀行に提案して全員を連帯債務者にして貰うか。あるいは債務者を１人に絞るが、相続人内部では、各々の負担割合を未確定でも、あるいは均等分割でも、何とでも合意できる処理です。

2023/05/20

2023年５月21日～５月27日

実務に役立つビビッドな話題　**社会保険料節約についての税理士の立ち位置**

テーマ　社長の年収が2000万円ならば、月額役員報酬を９万円に減額して、残りを年１回の役員賞与で支払えば会社と個人の社会保険料の負担が年間で200万円ほど軽減される。そのような解説を見た社長から意見を求められている。実行した場合は事前確定届出給与の届出書の提出漏れによる税務リスクが怖い。

- 私にも同様の顧問先があります。毎年 ToDo メモに書くのは当然として、事前確定届出給与の届出を電子申告したあと、税務署に着信と形式不備について確認しています。社長には月額役員報酬が低すぎると、退職した時の役員退職金が低くなると毎年警告しています。
- 私は関与先に積極的に提案はしていませんが、社長が、どこからかの情報で、このスキームを知ると「うちの税理士は何も提案しなかった」と信用を失う可能性があります。社長にどのように弁解しますか。
- その手法は悪手です。昔はやった方もいるかと思いますが、退職金計算基礎を低くせざるを得なくなる、支払日のズレで NG になるなど、デメリットも多数ですと説明します。
- そういう説明をすると、ただの税理士の保身であり、それに避けられるリスクです。私なら、「そんなことは誰もやっていません。税法についても、社会保険制度についても、裏のテクニックを利用して優秀さを誇る専門家はいるのです。社長、王道を歩きましょう」と説明します。
- 節税策を提案しなかった税理士のミス。そのような損害賠償請求を扱ったことがあります。それは後任の税理士が、そのようなことを自身の存在価値としている税理士だからですが、それに備えて予防法学的に行動しようとしたら、極端な節税策の全てを説明しなければならない。しかし、説明された社長は、それを採用すべきか否かの判断基準を持っていないでしょう。
- その判断基準を持っているのは多数の客を相手にしている税理士です。税理士の常識で処理すれば良いと思います。そこで自分が依頼した専門家（税理士）の常識を信じない客。それは良い客ではないし、わざわざ悪い客を育てる必要はない。

- 定期同額給与を減額して、役員賞与として一括して支払うべきだった。それは税理士のミスであり、少なくとも納税者に告げる必要があった。そんな判決も、この頃の裁判官のレベルからすればあり得ないことではない。最後の最後は、仮に勝訴するとしても税理士賠償保険への加入は不可欠です。
- 社会保険料は税理士賠償保険の対象外です。事前確定届出給与の支払日を徒過したら、それは顧客の責任であって税理士の責任ではない。訴えられるかもしれないけれど、税理士賠償保険の対象となるのは届出の出し忘れ、記載不備が限定ですね。
- 全ての場面について、良い客を相手にする。それ以上の対策はないですね。

2023/05/22

実務に役立つビビッドな話題

敷金債務の記載がない遺言書と債務承継者

テーマ　遺言書ですが、次男に相続させる建物の記載があり、それは賃貸に供されているのですが、次男に敷金債務を承継させる旨の記載がありません。予定していなかった債務の承継で次男からクレームが出ています。

- 賃貸物件の取得は、それに付随して貸家契約も承継します。賃貸物件の売買の場合も然りで、相続による一般承継なら、さらに然りです。賃貸する義務、家賃を受け取る権利、敷金を返済する義務の全体が借家契約に関する地位です。
- 大阪高等裁判所令和元年12月26日判決も「賃貸人たる地位に承継があった場合には、敷金に関する法律関係は新賃貸人に当然に承継されるものと解すべきである」という解釈を示しています。
- そもそも遺言書には債務の承継について記載することができません。債務を記載するのなら負担付遺贈としての記載です。賃貸物件の遺贈なら、敷金は、負担付き遺贈になります。しかし、仮に、「銀行借入金１億円について長男が承継する」という遺言書は書けません。民法は単式簿記ですから、貸方について遺言することは出来ません。貸方の債務は法定相続分に従っての当然分割による承継です。

● 本件について負担付き遺贈として敷金債務を書いておけば当事者の誤解はありませんでしたが、その記載がなくても、賃貸物件の取得者が敷金債務を承継します。

2023/05/22

実務に役立つビビッドな話題 **配当優先株としての増加配当の課税関係**

テーマ 完全無議決権のA種類株式と普通株式を発行する会社だが、A種類株式にのみ配当を支払うことは可能か。

● 株主間契約を表現したのが種類株式だから、そこに「配当優先」と記載がなければダメです。Aが配当優先株で、Bが普通株ということなら、A株式のみ配当を行うことに問題はない。

● 配当優先株を発行したとしても同族会社では問題がある。息子に10倍配当の配当優先株を発行する方法や、税理士法人（合名会社）で息子社員の利益分配を多く決める方法が可能なら相続税の節税に利用されてしまいます。

● そのような配当を実行したら、A株式に対する配当には配当所得課税が行われ、それが株主平等に違反する増差配当額については、相続税法9条が適用されて贈与税が課税されてしまう。

● 原則は株主平等で、それを超える経営判断がある場合に限り、配当優先的な処理をすることができる。しかし、中小企業で配当優先株を発行する理由はない。

● 最初から配当優先プレミアムを付けた発行価額なら良いとしても、10倍配当の価値をどのように評価するか難しい。税務は、種類株式についての区別した評価方法を採用していません。

● 従業員持株会を配当優先にすることはあります。従業員持株会には年10％程度の配当を支払うことが脱退時の一定額での買い戻しの要件です。その場合は従業員持株会が所有する株式について人的種類株式として配当優先にすればよいと思います。人的種類株式なら定款に定めれば良いのであって、会社謄本への種類株式の記載は不要です。

2023/05/23

実務に役立つビビッドな話題 **宗教法人のみなし寄附と区分経理の方法**

テーマ　宗教法人のみなし寄附ですが、収益から非収益へ、実際に資金を動かす必要があると考えて振り替えてもらっていますが、これは当たり前のことでしょうか。１円単位まできっちりあわせて、収益口座から非収益口座へ動かすのが、それほどに意味があるのか。

- 経験はありませんが、当たり前のことでしょう。そうしなければ寄附額が特定できません。しかし、収益事業の預金口座と、非収益事業の預金口座が全く別に管理されているのであれば資金移動が可能ですが、通常は収益事業・非収益事業のそれぞれで獲得された資金が同一の預金口座内において混在した状態で管理されていると思います。その場合、実際の資金移動は難しいです。
- 税務署に聞いたことがあります。法人税基本通達（15－１－７、15－２－４）では「区分経理」が要件であり、実際の資金の移動までは求めていないし、収益事業会計での利益を超える資金移動があったとしても理論上は税前利益までしか寄附金とならないのだから、決算書上、わかるように経理されていればよろしいとの話でした。そこで次の仕訳を入れています。

みなし寄附金	××円	／	預金	××円	（収益事業からの支出）
預金	××円	／	みなし寄附金	××円	（収益事業からの繰入）

2023/05/24

実務に役立つビビッドな話題 **海外赴任から帰国した者がドルを円転した場合**

テーマ　米国に赴任していた方が日本に戻ってきました。米国で稼いだドルを、日本にドルで送金した後に円転しても為替差益は生じない。そのように考えてよいのですね。日本の居住者になった後に米国で取得した株式を譲渡した場合は、日本の株式の譲渡と同様の課

税がなされますね。

- ドルを円転したときに雑所得になると思います。稼いだ時の為替レートで換算した円換算額と、日本に帰国してから円転した際の円換算額との差額が雑所得です。
- 課税はあり得ないでしょう。マイケルさんが、30年間、アメリカで稼いで1億ドルを持っている。老後は、日本で生活しようと1億ドルを持ち込み、円に替えた。そんなことで雑所得は生じません。米国に赴任していた日本人と、米国で生まれて、米国で稼いだ人は、所得税法上は、共に、非居住者です。
- ネット情報ですが、海外赴任者が円転した場合について次のような解説があります。「毎月の海外払い給与から積み上げた外貨残高が3年間で10万ドルあった方が、日本帰国後に一気に送金して1ドル144.81円の時に円に交換した場合」という設例について、赴任期間の総平均によるレートで換算した金額を取得価額として、円転した時点の円価額との差額が雑所得になる。「実務上は赴任期間の総平均によるレートで換算するのが精いっぱいなのではないでしょうか」と説明しています。
- 日本に持ち込んだ株式の取得原価はいつの時点で算定するのか。取得時には米国にいたので、その当時の為替で円換算するのも不合理です。日本に入国した時点での為替換算も時期として不合理です。しかし、円建ての取得価額が算定できなければ、米国で購入した土地を、帰国後に売却した場合も課税できなくなってしまう。
- あくまでも日本税法の適用ですから、その土地を取得したときのドル価額を、その時点での為替レートで円価額に換算し、それが取得価額でしょう。そうしたらマイケルが持ち込んだ1億ドルにも雑所得課税が行われてしまう。
- 米国に住むマイケルにはドルの取得価額の概念がない。米国においては紙幣は商品ではないので、土地を購入した場合の課税関係と差異が生じるのは当然です。つまり、日本で売却した土地には譲渡所得課税が行われますが、ドル預金の円転には雑所得課税は行えない。

● この辺りの課税関係は大量に発生していると思いますが、残念ながら経験しないことは語れない。結論の正否が保証できない議論として、そのような事案が登場した場合の議論のたたき台として保存しておくことにします。

2023/05/27

2023年５月28日～６月３日

実務に役立つビビッドな話題　**6項事案についての税務相談事例**

テーマ　総則6項の適用基準ですが、税務通信3754号の税務相談に次のような事例が紹介されています。「A社（非上場会社）の100%子会社は、従業員数が8人で介護事業を営んでいましたが、甲が亡くなる2年前に他社の介護事業部門を買収し、その部門の従業員68人を引き取り、課税時期の直前期末前1年間の従業員数は76人でした」。そのような方法で株式の評価区分を小会社から大会社に変更したことについて6項の適用があると解説しています。

● 「本件買収は、顧問税理士から提案を受け、事業拡大と併せて従業員数を70人以上とすることによって同社の株式の評価区分を小会社から大会社に変更し、甲に係る相続税の負担を2億円程度軽減させる目的で行われたもの」という設例ですね。

● この相談事例について「したがって、本件株式の評価について総則6項が適用されるリスクが高いことから、類似業種比準方式によりその価額を評価するのは相当でないと考えます」と答えています。しかし、この設例に6項が適用されることはあり得ないでしょう。事業のもっとも基本的な部分である従業員の雇用を8人から76人に増やしている。これは経営判断の根幹であって、仮に、節税の意図があったとしても6項が適用されることはあり得ません。

● 相続の後には、買収事業を切り離し、元に戻すという計画があれば問題ですが、それは6項の思想とは異なる租税回避事案です。

● 危ない処理を、なんでもかんでも6項事案と論じる人たちが増えています。6項は「何のために実行したのか」と問われて、「はい、節税です」としか答えられない事案。そのような事案でも、節税目的の養子縁組は否認されません。つまり、養子縁組のように、節税を超えた経営判断や人生判断がある事実は否認できない。

● 他の事業を買収し、従業員が8人から76人に増員された。これは、まさに経営判断であって、そのような事実を否認する権限は税務には存在しないでしょう。相続直前のマンションの購入だって、それが一棟建ての賃貸物件を事業目的で取得した場合にまで否認される理由はありません。

2023/05/31

実務に役立つビビッドな話題　**ネット銀行を利用していますか**

テーマ　税理士自身がネット銀行を利用していますか。要するに店舗がなく、ネット上で処理する。クレジットカードなどのサービスとの提携が容易で、割り増しのポイントが得られる。紙幣の引き出しはコンビニの端末を使う。

● 利用しています。お客さんに語るについて人体実験として利用してみる。振込手数料が無料 or 低額です。その他にも、①一時使用のデビットカード番号を発行できるので、従業員に一時的に利用させるカードとして使えたりして便利。②複数口座が作成できるので複数店舗を持つ会社が、店舗ごとに口座を持つなど可能。③定期振込を通常の振込手数料で可能なので家賃の定期払いなどに便利です。

● 近所のスーパーに ATM があるため不便なところはありません。ただ、自分の事務所の請求書には、なんとなく見栄えが良くないかとネット銀行ではなく都銀を振込先にしています。

● なるほど。実店舗のある銀行は固定電話と同じなのですね。それでは、若者は実店舗のある銀行を使わなくなりますね。メガバンクも、地方銀行も、固定電話と同じ運命にある。

● ネットバンクは公金の引き落としができないので、税務署連絡用に固定電話が必須なのと同じで、実店舗の口座は廃止できない。しかし、普段使いとなると振込などはネットバンクが維持料タダで、振込手数料も安いので、ネットバンクにまとめて資金移動しています。

2023/05/31

2023年 6 月 4 日～ 6 月10日

実務に役立つビビッドな話題　**医療法人の出資持ち分を株式会社が取得する**

テーマ　医療法人の社員に営利法人が就任することは可能か。社員としての就任が難しい場合は、営利法人が出資持ち分を取得することは可能か。

- 医療法人制度は、株式会社の医業参入を阻止する趣旨で「営利」を禁止している。ここで言う「営利」はカネ儲けではなく、利益の配当です。ただ、配当は禁止されるとして、社員の退社払い戻しの手段として留保利益を社員に払い戻すことは昔から認められている。
- しかし、株式会社が社員に参加して、退社払い戻しや、残余財産の分配を受けることは認められない。それを認めたら株式会社による医療法人の経営を認めるのと同じになってしまう。
- 事実として、出資持ち分を株式会社が譲り受けることは禁止できない。医療法人の再建などについて、株式会社の資金を必要とする場合が想定されます。
- それなら、株式会社の持ち分を、個人に譲渡してしまえば良い。そうすれば退社払い戻しが自由にできる。いや、その場合は利益の払い戻しによるみなし配当課税が問題ですね。個人が出資持ち分を取得した取得原価とは通算できません。
- 法人出資者が、個人に信託譲渡をして、その個人が退社する。そうすれば法人が受け取る配当所得です。そもそも医療法の脱法を税法で防止することが無理筋。いや、しかし、法人出資者への利益の払い戻しを認めたら、営利性が問題になってしまう。それは医療法人制度の根幹に反する。それは怖くて誰も実行しません。
- そもそも利益の払い戻しは、医療法人の営利性として禁止されている。しかし、個人社員について退社払い戻しが許されている実務がある。医療法は、力の強い医師団体と、力の弱い監督官庁のせめぎ合いです。だから実務にも不明瞭なところが残ります。

2023/06/07

実務に役立つビビッドな話題　**所得税法58条の交換契約に解除条項を付ける**

テーマ　土地の交換だが、所得税法58条の要件に欠ける場合に備え、契約

解除の特約を加えようと思う。

- 仮に、親子で交換契約を締結する場合なら「本契約は所得税法58条の交換特例の要件を満たすことを前提に締結されるが、仮に、交換特例の要件に欠けることが明らかになった場合は、この契約は当然に解除される」という解除条項です。
- 交換契約を締結するのは身内間が多いように思います。身内間ならどのような条件を付すことも容易です。国税通則法施行令6条1項2号は「契約が、解除権の行使によつて解除」された場合を国税通則法23条2項3号の後発的な更正の請求事由と認めている。
- ここで言う解除権は、民法の条文に定める解除権に限らず、当事者が契約締結段階で合意した解除権を含みます。契約当事者の一方によって強制的に契約の効力が失われる。それは更正の請求事由です。それに対して契約解除時点で合意する解除、つまり、合意解除は、合意解除という名の新たな契約と考えるのが税法的な発想方法です。
- 当事者が個人の場合はよいが、当事者に法人が含まれる場合は、期間損益計算なので、契約締結日の課税関係は決算期末で確定し、その後に解除された場合は、それが法定解除の場合でも遡及効は認めないのが原則です。
- 交換特例の要件が欠けている場合は、当初の契約締結時点では譲渡益課税が生じてしまう。しかし、解除権に基づいて原状回復した場合に、元に戻す処理に課税関係が生じることはない。つまり、双方共が時価による引き取りという処理になるのだと思う。いや、しかし、常識的には、法人の場合も解除の遡及効を認めます。
- 特例の要件が欠けている場合の当事者のリスク回避対策である以上に、その処理について相談を受けた税理士のリスク回避策として解除条項は有効だと思います。解除条項のある契約について、税務署も更正処分をしたいとは思わないはずです。

2023/06/07

実務に役立つビビッドな話題 **会社が所有する取引相場のない株式を売却して売却損を計上する**

テーマ　親会社が所有する子会社の株式を、親会社の株主個人に売却する。売却価格は法人税基本通達４－１－６（市場有価証券等以外の株式の価額の特例）に定める価額ですが、この売却による譲渡損の計上は是認されるのか。

●　「中心的な同族株主」で「小会社」に該当するものとして、さらに土地と上場株式は時価で評価し、評価差額に対する法人税額は控除しない。それを守れば是認されると思う。

●　それにしても法人税基本通達４－１－６の評価額は時価に比較したら低額です。税法の時価は、路線価などに限らず、取引相場のない株式の評価でも、「最高でも、この値段」という上限価額なので、それを適正な取引価額と定義するのには不安があります。

●　確かに、今日に出資し、明日に譲渡しても譲渡損が生じる金額です。６項事件の例に倣えば、経営判断がなく、何のために実行したかと問われて、「はい、節税です」と答える手法は否認される。そのように理解すべきと思います。

2023/06/08

実務に役立つビビッドな話題 **銀行から相続税の申告書の提出を求められた**

テーマ　不動産を多く所有する方の相続税の申告後に、銀行から「遺産分割協議書と準確定申告、それに相続税申告書」の提出を求められました。銀行に対して全財産を開示すべきなのか。

●　本人の判断と、銀行からの借り入れの状況、追加借り入れの予定との相談でしょう。相続税の申告書ほどに確かな財産明細はありません。賃貸業として銀行融資を受けている場合なら、銀行との円満なお付き合いは不可欠です。

●　昭和の時代と、令和の時代の銀行に対する印象は異なると思います。昭和の時代は不動産こそが融資の基本で、銀行が融資してくれることは事業の保証になった。つまり、銀行が融資をしてくれるのなら、その投資は正しいと判断しました。しかし、今は違いますね。

- 銀行自体が不良債権で没落して信用を失った。さらに、カボチャの馬車事件では、銀行が融資しても、そのビジネスモデルが確かである保証はないことを露見させてしまった。
- 田舎の経営者なら、いまでも銀行を尊重すると思います。都会の経営者は、銀行と銀行員の判断に、それほど重きを置かないです。銀行員は商売については素人です。相続税の申告書を提供するか否か。それは経営者の銀行員に対する評価によって異なると思います。
- いずれにしても銀行員の判断であって、事業経営者とは全く違う種類の人たち。もし、経営者が素直に申告書を提出すると言いだしたら、リスクのある投資を勧められないように注意するようにアドバイスすべきと思います。

2023/06/08

実務に役立つビビッドな話題 **親には介護老人ホームから自宅に戻ってもらう**

テーマ　都心の一戸建てに住まい、小規模宅地特例を利用する。これが一番の相続税対策だと思いますが、現実に、そのような節税策が実行できていますか。

- 良い住宅地の330平米の自宅。その評価額が80％の減額なら、1億円の相続税評価額も2000万円。80％減額になる自宅と、納税資金としての現金を手元に置くのが一番に簡単、かつ、有効な相続税対策だと思う。
- 親子が同居していれば、親が介護老人ホームに入っても80％減額。介護老人ホームに入ったら小規模宅地特例が利用できなかった時代は、どうしていたのか。おそらく、そのころは今ほど介護老人ホームが一般化していなかったのだと思います。
- 最近は親と同居しない時代。親が介護老人ホームに入ってから、子が実家に戻ってくる事案もあると思う。そういう事案では、介護老人ホームとの契約を解除し、一度、親に住まいに戻ってもらうのが有効だと思う。同居してから介護老人ホームに入るという順番の確保です。
- 介護老人ホームは、昔には、頭金を支払い、その後に月額使用料を支払ったが、いま、頭金がなく、月額使用料の契約が増えています。だから退去し、また入所する方法も実行可能です。

● 家なき子なら、親が介護老人ホームに入った後に戻ってきても良いのですが、しかし、相続人が60歳を超えている時代では子は既にマイホームをもっていると思う。小規模居住用宅地の評価減の適用を受けるためには同居要件を満たす必要がある。

● 一番の親孝行は実家に戻って同居することですが、それが難しいのが人間関係。しかし、介護老人ホームに入ると公言している場合なら、お嫁さんのストレスは少ないと思う。坪単価の高い自宅では居住用小規模宅地特例が一番に有効な相続税対策です。

2023/06/08

実務に役立つビビッドな話題

配偶者の相続税額の軽減後に納税額が算出されてしまう

テーマ　仮に1億円の相続財産で、配偶者が3360万円を取得し、子が6640万円を取得する。その場合の小数点計算は次です。

妻　3360万円　＝　0.336　≠　0.34

子　6640万円　＝　0.664　≠　0.66

この方法で計算すると配偶者に納税額が算出されてしまう。配偶者は1億6000万円までは非課税だと思う。

● 相続税の総額の按分計算と、配偶者の相続税額の軽減の計算の違いです。

①　相続税の総額の按分

770万円×0.34＝261万8000円

②　配偶者の相続税額の軽減

$$770\text{万円}\times\frac{3360}{10000}=258\text{万}7200\text{円}$$

● 相続税法第19条2第1項第2号では「次のいずれか少ない金額」ですから、1億6000万円以下の相続でも、相続税が生じるのは仕方がない。つまり、配偶者軽減としてマイナスされる金額は、イの法定相続分（ただし、１億6000万円でも OK）と、ロの実際の取得金額（3360万円）の小さい金額。上記の計算では258万7200円です。

● 相続税の総額の按分に0.34を使う必要はないと思います。端数処理が強制されているわけではないですから。ただ、配偶者の相続税額が算出される小数点の誤差を利用すれば、配偶者が相続した株式を自己株式として会社に譲渡する場合には有利です。あの特例の適用には相続税を納めた相続人であることが必要です。

2023/06/08

実務に役立つビビッドな話題 **OB 税理士というご利益は存在するのか**

テーマ　税務署を定年で退官した税理士から、税理士事務所の顧問として税務調査対策や税務相談的なアドバイスをするという提案があった。

● ２階建ての時代ですが、功績倍率５倍の退職金を支払った会社があって、それを聞いた私はアホかと思いましたが、２階建ての OB 税理士が４倍で事を収めてきました。申告所得が１億円を超えていて、製造業以外の危ない商売の人たちに OB 税理士は役立ちます。

● あの時代は、税務署側にも２階建て OB を送り込んだ引け目があった。いま、２階建ての押し込み時代のご利益は失われていると思います。もちろん、国税庁長官などを歴任した OB 税理士が上場会社の顧問に就任するような役割は残っています。

● 同じ釜の飯を食った仲間という本音の話ができる OB 税理士は、税務署側にも便利な仲介者なのだと思います。OB 税理士に頼んでみたらとアドバイスしたくなる事案もありますが、しかし、時代が変わっていますので、普通の税理士事務所では、顧問として常に相談するほどの活躍の場は提供できないと思います。

2023/06/10

実務に役立つビビッドな話題　**社員旅行への参加割合が50%という基準と運用**

テーマ　グループ全体では参加割合50%未満だが、会社別にみるとA社は50%未満、B社は50%以上となっている。B社の従業員だけが給与課税を免れるという理解か。

- 「従業員の参加割合が50%未満である従業員レクリエーション旅行」というタックスアンサーは、「旅行の期間は3泊4日であり、旅行の費用は15万円（使用者負担7万円、従業員負担8万円）」という前提で、「従業員の参加割合が50%未満であっても、その旅行に係る経済的利益については課税しなくて差し支えありません」と答えている。
- 10%や20%ならともかく、30%くらいあれば問題ないと思う。昭和の時代は社員旅行を欠席することは考えられなかった。いま、社員旅行という勤務時間外の行事は自由参加にしないとパワハラで訴えられます。つまり、昭和の時代の数量基準を、令和の時代で柔軟に運用しているのが実務です。
- 元OLの職員に聞いたら、今時、社員旅行なんてやっている会社は無いと。熱海や水上の温泉ホテルは、昭和の時代は宴会旅行で盛り上がっていましたが、いま廃屋になるか、リゾートマンションに建て替えるか。社員旅行に名を借りた経営者家族の旅行という例外事象を除いて、社員旅行について給与所得課税をする時代ではありません。

2023/06/10

2023年６月11日～６月17日

実務に役立つビビッドな話題　**従業員の賞与を減額する**

テーマ　経営者からの相談だが、残業は１番に多いが仕事は0.5人分という社員。この社員の賞与を減らして、よく働く社員の賞与にまわしたい。それを本人に伝える。

● 労働事案はメンタルです。メンタルを刺激せず、メンタルを刺激する証拠を残さない。揉めて、面倒くさくなったら賞与を追加支給して終わりにしてしまう。

● 給与を下げたら辞めたいと言いだした。失業保険の関係で会社都合にしてくれと言ってきたが、その後に登場したのは弁護士を付けての解雇無効という労働審判の申し立て。それでも結局は解雇手当３ヶ月分を支払わされました。

● ３回の期日で解決する労働審判手続では裁判所は雇用者側を脅かしてきます。解雇無効になれば給料を支払い続けることになる。だから３ヶ月分の解決金を支払って事を終わらせる必要があります。裁判官だって、そんな仕事をするために裁判官になったのではないと思っているはずです。

● 小さな事件でも、この頃、ネットで客を拾うのが弁護士のスタイル。どんな理由があっても辞表を書いて貰う以外の解決策はないのが雇用関係です。

2023/06/15

実務に役立つビビッドな話題　**インボイス番号の会計処理で大騒ぎをするが**

テーマ　免税事業者からの仕入について会計上の管理ですが、①適格をデフォルトにして、②継続的な免税取引先は補助科目登録し科目設定で経過措置としておく。③単発の免税取引のみ消費税の区分を手動で変更する必要がある。

● ②の取引が大量に存在する業種があります。下請扱いの塾の講師、ヤクルトレディーと、下請扱いのホステス。そんな人たちを大量に雇っている事業は、②が中心的な会計処理になり、そこを意識したシステムを構築しますが、普通の商売で1000万円以下の事業者からの仕入で、それが継続仕入になるという取引はひとり税理士の税理士報酬に限りませんか。

- 継続仕入以外はインボイス番号は無視でしょう。税務署だって、その取引のインボイス番号の有無を調べて否認するなんて小銭稼ぎはしません。
- 架空外注費について、消費税の仕入税額控除を否認するのに登録番号のみを確認だけすればよいのですね。しかし、その場合だって架空仕入でなければ、インボイス番号の不記載を理由にした否認は行わない。インボイス番号が税務調査の現場で問われることは、個人番号が問われることがないのと同様に皆無だと思います。
- いままで請求書の発行は、法律上任意でしたが、適格請求書の発行・控えの保存は義務ですね。これが、調査官の反面調査に少しは役立つのだろうか。
- 継続的な取引だと、最初に番号を告げておけばその後の取引では省略ではないのかと。弁護士の顧問料なんて請求書を書いたことがない。
- 個人番号の導入時にも税理士業界はお祭り騒ぎでしたが、いま騒いでいるインボイス番号もお祭り。実際に導入された後の雰囲気は全く違うと思う。少なくとも経過措置が終わるまではインボイス番号に過剰反応する必要はない。経過措置が終わるころには消費税が15%に増税されていると思います。

2023/06/16

2023年 6 月18日～ 6 月24日

実務に役立つビビッドな話題　**金の延べ板の贈与と租税特別措置法40条**

テーマ　大阪府箕面市の和食店の経営者が金の延べ板など２億8000万円相当を箕面市に寄贈した。凄いことですが、これの課税関係が気になります。

- 措置法40条が適用されて、所得税法59条は非課税です。「国又は地方公共団体に対し財産の贈与又は遺贈があつた場合には、所得税法第59条第１項第１号の規定の適用については、当該財産の贈与又は遺贈がなかつたものとみなす」。40条申請の手続きも必要としません。
- 金の取得費相当額について寄附金控除が受けられます。しかし、「50年かけて築いた財産」というのが金地金の購入時期だとしたら、取得価額の計算が難しいと思います。もちろん、御本人は、寄附金控除なんてケチなことは考えてないと思います。

2023/06/21

実務に役立つビビッドな話題　**借地の明け渡しについて建物取壊費用を地主が負担する**

テーマ　個人間の借地権について、借地人の賃料不払いのため地主が契約を解除する。借地人には建物取り壊しの資力も意思もなく、交渉が長引くのを嫌って地主が建物の取壊費用を負担する。負担した額は借地人に対する贈与になるのか。

- 取り壊す義務があるのに借地人は取り壊さない。それなら取壊費用を借地人に請求するのではないか。請求しても結局回収できなかった。それなら不動産所得の必要経費だろう。
- 借家人に賃料不払いがあるが立ち退いてくれない。占有禁止の仮処分をかけて、建物明け渡し請求の訴訟を起こしたら解決するのに１年６ヶ月。弁護士費用など100万円を下回らない。そうであるなら立退料80万円を提供して立ち退いてもらう。これは経済的な合理的判断であって80万円の贈与ではなく、不動産賃貸業の経費でしょう。
- 借地人が賃料不払いをした。そこで明け渡しを求めたが、結局、

300万円の立退料を支払うことになった。これは不動産所得の必要経費ではなく、土地の取得費ですね。

● 貸家の立退料は何の見返りもないですが、貸地の場合は借地権相当が戻ってくる。その違いのように思います。

2023/06/21

実務に役立つビビッドな話題 **web を利用した株主総会の是非と代替手段**

テーマ　役員退職金の支給決議を行うので、株主総会の開催が必要だが、株主は全国に散らばっている。web 株主総会を中小企業で実行することは可能か。

● 非上場会社の場合は、たとえば議長のいるところを開催場所とし、その他の株主等は Zoom で出席すれば OK です。議事録には、出席の方法として Zoom 出席である旨と Zoom が双方向性・即時性が維持されている旨の記載があれば OK です。

● 全員が賛成する議案は書面でも OK という方法は株主総会でも利用できます。会社法319条は「株主の全員が書面により同意の意思表示をしたときは、当該提案を可決する旨の株主総会の決議があったものとみなす」としています。

● そうしたら、① Zoom の双方向通信か、②予め議決権行使の委任状を集めておく方法か、③議案に同意する旨の同意書を集める方法、あるいは④古典的な方法で、株主が集合して決議する方法ですね。①と②、それに④は招集通知が必要です。

2023/06/22

2023年６月25日～７月１日

実務に役立つビビッドな話題　**親を介護する場合と小規模宅地特例の適用の有無**

テーマ　同じマンションの中に親が１部屋を所有し、義理の息子が別の１部屋を所有しているという状況で、親が要介護になってきて、義理の息子の妻（娘）は親の部屋に夜は寝泊まりし、昼間もしばしば顔を出しているという状況になっている。この場合は居住用小規模宅地の特例が受けられるのか。

● 母親の介護に通っているのか、そこが住まいなのか。その事実認定は難しいですね。食事も親の部屋でとり、寝泊まりも親の部屋で、妻の住民票を母の居宅に移しておけばOKというものでもないでしょうけれど、それもありかと思ったりしますが。

● 親が亡くなった後も10ヶ月は親の部屋での生活をする必要がありますが、それは不自然です。親が死亡したら、親の家に住む理由がなくなってしまいます。

● 大阪に住む娘夫婦で、母が介護状態になった。そこで妻（娘）が母の居宅に転居して同居することになった。夫と子が住む居宅とは東京と大阪という物理的な距離があり、いわば家庭内転勤のような状態だと、転勤先（介護先）の居宅も自宅扱いになるように思います。サラリーマンが地方のマンションに単身赴任している場合は、そのマンションも居住用小規模宅地ですから。

● この辺りの理論と同時に、事実認定で、どこかに漏れが生じて、強くは税務署に主張できない事案が多いのだと想像します。相続後10ヶ月の居住を満たしていないとか。

● この頃、親子が同居しない時代。大きな邸宅に母親１人という事案は増えているように思います。そのような場合に３ヶ月前に家族全員が引っ越してくれれば、そこが居住地ですね。つまりは、事実認定の部分が多いような気がします。

2023/06/26

実務に役立つビビッドな話題　**免税事業者に減額の通知を出して公取委から注意を受けた**

テーマ　漫画家が代表を務める会社が公正取引委員会から「注意」を受け

た。「免税事業者約60人に対し、ロイヤルティーについて『消費税相当分10%を加算しない金額をお支払いするといった形に変更させていただきたい』と通知した」。それに対して公取委からは電話で「注意」を告げられた。

- 「インボイス制度の実施に関連した注意事項について」（令和５年５月）は「経過措置により一定の範囲で仕入税額控除が認められているにもかかわらず」「免税事業者を選択する場合には、消費税相当額を取引価格から引き下げると文書で伝えるなど一方的に通告を行った事例がみられました」と注意している。
- 公取委は卑怯です。経過規定を根拠にしているのですから、本来は10%切り下げが正しい処理です。
- 消費税法の矛盾です。①110万円の内の10万円は消費税ではなく、単なる値付けの問題。110万円が売値で、それが民法の理解であり、公取委の理解。②100万円が商品の価額で、10万円は転嫁する消費税の金額。それが税法の理解であり、しかし、法律上の根拠がない。①の理解に従えば10万円の値引きは不当。②税法の理解に従えば10万円が請求できないのは当然。
- 公取委から電話で「注意」を告げられた会社は、「税理士に確認しながら手続きを進めてきたが、独占禁止法上の問題点については検討していなかった。認識が甘かった」と釈明したそうですが、税理士も、立場が悪い。
- 商売や取引は江戸時代から続いている方法で良いのであってインボイスを交付する手間を追加する必要はない。しかし、そんな当たり前のことが理解されず、なぜ、インボイスとか、個人番号とか既成事実が作られていくのだろう。
- 経過規定の猶予期間が終了する前に、また、２度、３度の改正があるはず。こんなことは様子を見て実行すべきであって、矛盾のある制度に率先して協力するのは間違いだと思う。

2023/06/26

実務に役立つビビッドな話題　**生命保険の相続税での利用目的**

テーマ　死亡したら支払われる定期払い（火災保険型）の生命保険ではなく、仮に2000万円を保険料として支払い、死亡時点で2000万円を保険金として受け取る。それの相続対策上の利用価値は、①法定相続人１人当たりの500万円の非課税枠と、②相続人の印を集めなくても保険金は支払われるという２点ですか。

● 特別受益にならず、遺留分の対象外。そのような争う相続についての対策になりますが、そこまで考えての生命保険の利用は稀でしょう。

● 預金は、遺産分割まで凍結されますが、生命保険は相続が開始すると直ちに使えるようになります。相続人の心理面からすると、その面での利用価値が大きいように思います。

● 昔の生命保険契約の利回りが良かった頃の刷り込みもあります。いま、生命保険金では利回りは期待できません。銀行や保険会社とのお付き合いという程度の意味での利用です。

2023/06/27

実務に役立つビビッドな話題　**分割型分割の継続保有要件の趣旨**

テーマ　分割型分割で新旧の２社に分ける場合ですが、分割新社の株式には継続保有要件が課されるが、分割旧社の株式には継続保有要件は課されない。したがって、代表者（経営者）に相続が開始したら、不動産所有会社（新社）と、事業会社（旧社）に分割し、旧社の株式を売却してしまう適格分割型分割が可能。

● なぜ、分割型分割の場合に、分割旧社の株式には継続保有要件が課されないのか、その説明は見かけません。

● おそらくですが、これは旧事業を売却し、新事業に資金を注ぎ込む事業の再構築を目的にするのだと思う。日本の企業は多様な意味でどん詰まりの状況です。国税には多様な要請が集まり、それに応じるのも立法過程です。

● 国税の立法趣旨は想像する以外にありませんが、そのように位置づければ分割型分割の場合の継続保有要件が実感をもって位置づけられます。

2023/06/27

実務に役立つビビッドな話題 **分社型分割の継続保有要件の趣旨**

テーマ　分社型分割で親子の２社に会社を分ける。その場合には親会社と子会社の株式について継続保有要件が課される。その立法趣旨は何か。

● 適格要件である100％支配、あるいは50％超支配の継続と理解していましたが、分割型分割について分割旧社の株式について継続保有要件が課されないことを考えると、その意味ではないのだと思う。

● 分社型分割の場合の継続保有要件は二重の含み損の利用の防止です。含み損がある土地を子会社に移動する。そうすれば親会社が持つ子会社出資金と、子会社が承継した含み損がある土地について、二重の含み損が計上できてしまう。

● 株式交換なども二重の含み損が作り出せる手法ですから、それを継続保有要件で防止しているのだと思う。

2023/06/27

実務に役立つビビッドな話題 **固定資産税を負担しても使用貸借の意味**

テーマ　土地を借りて固定資産税相当額を貸主に支払っている場合は使用貸借と解説されています。固定資産税相当額以外に管理費や修繕積立金も借主負担しているケースは使用貸借に該当するのでしょうか。

● 民法上は、使用貸借と契約すれば、使用貸借です。固定資産税を負担しても、有償とは認識せず、使用貸借という議論は税法限定の議論です。税法限定に限れば、固定資産税負担と、日常の修理・メンテ費用までは使用貸借です。

● 私が娘に貸している診療所の建物は使用貸借ですが、固定資産税は負担してもらい、シャッターの故障も直して貰う。場合によってビルの防水工事も娘の負担。要するに、賃料を受け取らない限りは税法の解釈でも使用貸借です。

● 使用貸借なのだから何の対価も受け取ってはならない。そのように厳格に解釈する必要はないという一例が、固定資産税を負担しても使用貸借という説明です。賃料を受け取らない限りは、民法でも、税法でも、使用貸借です。しかし、固定資産税を下回っても賃料を受け取っていれば、少なくとも、民法上は賃貸借です。

2023/06/28

実務に役立つビビッドな話題 **認知症の場合には成年後見人の選任が必要か**

テーマ　夫が死亡し、妻が認知症。子が２人というケースですが、自宅を妻が相続した方が有利なことはわかっていますが、後見人をつけない限りは法定相続分で相続するしかないですね。未分割で申告し、３年以内の分割見込書を提出して２次相続発生後に更正の請求をするという手法を考えていますが。

● 家族内に争いがなければ母親の押印を代行するのが実務だと思います。「長寿化の時代は、相続に先立っての認知症とは縁が切れない。その場合に登場するのが成年後見制度だ。しかし、政府の宣伝にもかかわらず成年後見制度の利用者は少ない。想定される認知症の高齢者や知的障害者など制度の対象者900万人に対して２％しか利用していないという報道もある」（『相続の話をしよう』関根稔　財経詳報社）

● 厳格に論じれば、未分割としても、母親は相続税が申告できません。認知症の場合は申告行為自体も成年後見人に担当していただく必要があります。

● 家屋を売却する場合は、認知症では当事者確認もできませんが、売る予定がなく、単なる相続登記だけなら、普通は、成年後見人を選任しません。いや、「普通は」なんて断言してしまうのは問題ですが、それにしても98％の人たちは成年後見制度を利用しません。

2023/06/28

実務に役立つビビッドな話題 **父子間の地代の支払いと借地権の認定の可否**

テーマ　父が所有する土地に長男が自宅を建築して地代を支払っている。

父の相続について、敷地は貸宅地評価で良いのか。いつでも契約の解消が自由な親子間で借地権を認識するのは不合理という考え方が正しいのか。

- 私が息子から地代を受け取っても、息子にも、私にも、借地権を設定する意思はないでしょう。地代を支払ったら、即、借地契約と解釈すべき理屈は存在しないと思います。
- 当事者が法人なら、それが個人と同族法人の取引でも借地権を認識します。法人は経済的合理的な存在として法人税法がつくられている。トヨタ自動車の法人税法と有限会社ミニミニの法人税法は区別しない。だから、どの会社にもトヨタ自動車の法人税法が適用されます。
- しかし、親子間で地代を支払うと、借地権が認定されて、贈与税課税が行われる危険がある。これは名義預金と同じです。子に預金名義を変更すれば贈与税が課税される危険がある。しかし、実際には、そんなことで預金の贈与があったとは認識しません。
- 私も、このような事案に出合ったとして、直ちに貸宅地評価と結論付けはしないが、直ちに貸宅地評価を否定はしないと思う。地代を支払い、かつ、地代が所得税で申告され、税務署にも土地の賃貸借契約があることが明示されている。税務署から借地権が存在すると指摘されたら抗弁が難しくなる。そのような場合は、相続税でも、貸宅地評価で良いのかもしれない。
- 税務の現場は不公平です。納税者に有利な認定は受けられず、納税者に不利な事実は課税されてしまう。それは税務署の立場としては当然であって、租税回避を許さない。だから誤解を受けない処理として親子間の地代の授受などは止めた方が良い。地代を支払っても借地権を認めるという節税処理が認められる可能性は限りなく薄いと思います。

2023/06/28

実務に役立つビビッドな話題　**無償返還届を提出した賃貸にも借地権20％を認識するのか**

テーマ　長男が会社を設立し、会社が父から土地を借りて賃貸物件を建築する。無償返還届を提出するが、気になるのは土地を賃貸した瞬間に、A 社株式の純資産評価額に20％借地権が ON されるかという点。つまり、父から長男への相続税法 9 条の適用です。

● それはあり得ない。借地権を認識しないのが無償返還届の趣旨です。しかし、株式だけの贈与の場合も会社の純資産に更地価額の20％を加算すべきというのが次の裁決。

「本件株式の贈与者である父が所有する土地を、相当の地代を収受して父が同族関係者となっている本件同族会社に貸し付けている状況において、本件株式を同人の実子である請求人に贈与していることから、本件株式の評価に当たり、借地権の価額を本件同族会社の純資産価額に算入することは相当である」（平成27年 3 月25日裁決　裁決事例集　速報税理2015年11月11日号）。

● 父が子に株式を贈与する。そして近い将来において子が敷地を相続する蓋然性が高い。その時点で敷地について20％を減じるのだから、生前の株式の贈与の際にも、株価算定について純資産価額に土地価額の20％を加算する。そのような裁決ですね。

● 借地人である法人の純資産に20％加算をする趣旨が、①借地権割合20％なのか、②敷地を20％減じることに対する調整措置なのか。

● これは②でしょう。法人への遺贈で最高裁が論じた理屈です。20％の評価減は、使用制限に基づく評価減なのだから、使用制限する法人自体が敷地の所有権を入手した場合は20％の減額を認める必要はないと判断しました（最高裁平成 4 年11月16日判決、東京地裁平成２年２月27日判決)。

● 土地を賃貸し、無償返還届を提出して、その翌日に株式を贈与するのと、子供が設立した法人に土地を賃貸して無償返還届を提出するのと、どこが違うのだろう。

● 無償返還届ですから、無償が当然であって、会社の純資産に20％の借地権を計上することはあり得ません。そのために創設したのが無償返還届という制度です。

● 使用貸借にすれば底地の20％減も、会社の純資産への20％増も適用されない。つまり「使用貸借＋無償返還届」で処理すれば安心できます。しかし、使用貸借では貸付事業用宅地にはなりません。

● 相続時点では、株式を贈与した長男にではなく、会社経営に関与しない次男に土地を相続させた。そのような可能性が残る段階で、上（土地の使用者）と、下（底地の所有者）が一致するという前提の20％の加算をするのも不合理な裁決ですが、しかし、租税回避を前提にしたら、そのような理屈も登場するのか。

2023/06/28

あ

か

さ

た

な

は

ま

や

ら

わ

《著者紹介》

関根　稔（せきね　みのる）

昭和 45 年　公認会計士二次試験合格
昭和 45 年　税理士試験合格
昭和 47 年　東京経済大学卒業
昭和 47 年　司法試験合格
昭和 49 年　公認会計士三次試験合格
昭和 50 年　司法研修所を経て弁護士登録
平成 2 年　東京弁護士会税務特別委員会委員長
平成 4 年　日弁連弁護士税制委員会委員長
税務大学校や青山学院大学大学院講師を歴任

taxML というメーリングリストを開設し、21 年間について、1 日に 30 件から 150 件のメールをやり取りし、税法と税法関連業務の情報を交換し、多数の税理士事務所からも税務相談を受けるなど、税法の実務の情報が大量に集まる法律事務所を経営している。

著書に『税理士のための百箇条』『続・税理士のための百箇条』『続々・税理士のための百箇条』『相続の話をしよう』『税理士のコーヒータイム―税理士のための百箇条 第 4 弾―』『税理士の実務に役立つホットな話題』『税理士の実務に役立つクールな話題』『楽しい、楽しい税理士業―税理士のための百箇条 第 5 弾―』財経詳報社、『組織再編税制をあらためて読み解く』共著・中央経済社、『相続法改正対応　税理士のための相続をめぐる民法と税法の理解』共著・ぎょうせいなど。

税理士の実務に役立つビビッドな話題

令和 5 年11月26日　初版発行

著　者　関根　稔
発行者　宮本弘明

発行所　株式会社　財経詳報社

〒103-0013　東京都中央区日本橋人形町1-7-10
電　話　03（3661）5266(代)
ＦＡＸ　03（3661）5268
http://www.zaik.jp
振替口座　00170-8-26500

落丁・乱丁はお取り替えいたします。　印刷・製本、創栄図書印刷

ISBN　978-4-88177-607-0